Taschenbücher für die Wirtschaft
Band 78

Der erfolgreiche Product Manager

Marketinginstrumente beherrschen und wirkungsvoll einsetzen

von

Rainer Stolz
Neuss

Mit zahlreichen Abbildungen und Checklisten

I. H. Sauer-Verlag GmbH
Heidelberg

Bibliografische Information Der Deutschen Bibliothek

Die Deutsche Bibliothek verzeichnet diese Publikation in der Deutschen Nationalbibliografie; detailierte bibliografische Daten sind im Internet über http://dnb.ddb.de abrufbar.

ISBN 3-7938-7254-8

Druckvorstufe: H&S Team für Fotosatz GmbH, 68775 Ketsch

Druck und Verarbeitung: Wilhelm & Adam, Werbe- und Verlagsdruck GmbH, 63150 Heusenstamm

∞ Gedruckt auf säurefreiem, alterungsbeständigem Papier, hergestellt aus chlorfrei gebleichtem Zellstoff (TCF-Norm)

Printed in Germany

Vorwort

Dieses Buch beschäftigt sich mit dem Thema „Product Management“ und gibt Antwort auf die folgenden, immer wieder gestellten Fragen:

1. Was bedeutet eigentlich Product Management?
2. Worin bestehen die Aufgaben des Product Managers?
3. Welche Arbeitstechniken verwendet der Product Manager in der Praxis?

Product Management ist eine spezielle Form des Marketing, und die Aufgabe von Marketing besteht darin, die Leistungen des Unternehmens vollständig auf die Kunden auszurichten, um so anhaltend befriedigende Verkaufsergebnisse zu erzielen.

Der Begriff Product Management ist nicht eindeutig definiert, da die Aufgaben und Arbeitstechniken des Product Managers, je nach Art des Unternehmens, stark voneinander abweichen. Es gibt Firmen, in denen der Product Manager überwiegend interne Aufgaben wahrnimmt, z.B. auf dem Gebiet der Produktentwicklung, und seine Arbeit besteht darin, eine möglichst fruchtbare Kommunikation zwischen Technik und Verkauf herzustellen. Dagegen liegt in der Konsumgüterindustrie das Schwergewicht in den meisten Fällen ganz eindeutig in der Werbung und Verkaufsförderung, während es in wieder anderen Unternehmen zu den Hauptaufgaben des Product Managers gehören kann, sich überwiegend mit der Analyse des Marktes und der Marktforschung zu beschäftigen.

Infolge dieser Uneinheitlichkeit ist es nicht möglich, in einem handlichen Buch *alle Themen* ausführlich zu behandeln, die im Leben eines Product Managers eine Rolle spielen können. In diesem Taschenbuch werden daher nur die Arbeitsgebiete dargestellt, die nach meinem Wissen in den meisten Firmen zu den generell wichtigsten zählen. Grundlage dieser Einschätzung sind die Erfahrungen, die ich in vielen Jahren Seminartätigkeit auf dem Gebiet Product Management sammeln konnte.

Ergänzend dazu habe ich im Herbst 2000 mehrere hundert Stellenanzeigen in der FAZ ausgewertet und festgehalten, welche spezifischen Anforderungen die suchenden Firmen an die Position des Product Managers stellen. Aus beidem ergab sich ein klares Bild der Aufgaben, die überwiegend an die Position des Product Managers gestellt werden. Und genau diese werden auf den folgenden Seiten ausführlich behandelt.

Neuss, im September 2002

Rainer Stolz

Inhaltsverzeichnis

A. Probleme und Chancen der verkaufenden Unternehmen heute

1. Die Marktbedingungen in den entwickelten Ländern

a) Expansion durch Prosperität

In den hochentwickelten Ländern wird der Verkauf von Produkten und Dienstleistungen immer schwerer. Im Wesentlichen aus den folgenden Gründen: In den letzten Jahrzehnten wurde die Wirtschaft in den Industrienationen von einer generell positiven Konjunkturentwicklung getragen und nahm dadurch eine kontinuierliche Aufwärtsentwicklung. Diese dokumentierte sich unter anderem darin, dass die Unternehmen ihre Kapazitäten ausweiteten, um so die Voraussetzungen für Umsatzsteigerungen zu schaffen. Gleichzeitig wurde in unzähligen Unternehmen intensiv daran gearbeitet, das bestehende Lieferprogramm durch Weiter- und Neuentwicklungen zu verbessern und zu vergrößern, da die positiven Marktkräfte zahlreiche erweiterte Absatzmöglichkeiten boten. Weiterhin hatte die gute Stimmung auf den Märkten zur Folge, dass Firmen neu gegründet wurden, mit denen Chancen im Dienstleistungssektor und speziellen Teilmärkten ausgeschöpft wurden. Insgesamt führte diese Entwicklung dazu, dass auf den Märkten mehr angeboten wurde, als unmittelbar benötigt wurde, und es bildete sich daraus der Begriff der Überflussgesellschaft.

b) Zunehmende Überversorgung und Uniformität des Angebots

Für die Anbieter im Markt hat dieses Überangebot an Waren und Leistungen die Konsequenz, dass das Verkaufen schwieriger wird. Denn wenn das Angebot den Bedarf übersteigt, werden die Abnehmer ganz automatisch wählerischer und kritischer, sie vergleichen und wägen ab, sie melden Sonderwünsche an und wollen Referenzen sehen, und oft reagieren sie beim Kontakt mit einem anbietenden Unternehmen einfach mit Sätzen wie „Kennen wir schon, haben wir schon, brauchen wir nicht.“ Es liegt auf der Hand, dass dieses Verhalten die Anbieter dazu veranlasste, über neue Strategien und Maßnahmen im Verkauf nachzudenken und bei dieser Arbeit systematischer vorzugehen, als das früher der Fall war.

Als weitere Konsequenz aus dem Überangebot hat sich der so genannte Verdrängungswettbewerb herausgebildet. Dieser besagt, dass auf den Märkten Umsätze in der Regel nur noch erzielt werden können, wenn es dem Anbieter gelingt, andere Lieferanten zu verdrängen. Ein weiteres Merkmal der modernen Märkte ist die zunehmende Internationalisierung des Warenaustauschs. Konnte man noch vor wenigen Jahrzehnten das eigene Marktvolumen sowie Qualität und Stärke der Wettbewerber eindeutig bestimmen, so wird heute der ehemals heimische Markt von einer wachsenden Zahl ausländischer oder internationaler Anbieter mit Waren und Leistungen versorgt. Insgesamt führte diese Entwicklung zu einer ständigen Ausweitung des Angebots und schließlich zu einer allgemeinen Überversorgung, was den anbietenden Firmen zunehmend Probleme bereitete. Denn die anhaltend positive Konjunktur führte zwar auch zu gestiegener Nachfrage auf der Abnehmerseite, aber nicht in dem gleichen Maße, wie das Angebot wuchs.

Der Verkauf ist in der heutigen Zeit auch deshalb erheblich schwieriger als in den weiter zurückliegenden Jahren, weil sich die angebotenen Produkte und Leistungen immer mehr angleichen. Denn der immense Wettbewerb zwingt die Anbieter, jede noch so kleine Nuance im Angebot des Konkurrenten nachzumachen, um nur ja keine Marktanteile zu verlieren. Das Ergebnis sind in vielen Märkten nahezu identische Produkte, die es dem Verkäufer natürlich sehr schwer machen, im Kundengespräch zu überzeugen, weil es immer weniger Besonderheiten im Angebot gibt, die er herausstreichen könnte.

c) Die wachsende Professionalität der Einkäufer

Ein weiterer Grund für die zunehmende Verschärfung des Verkaufsprozesses ist die Tatsache, dass das Fachwissen auf der Abnehmerseite in den letzten Jahren erheblich zugenommen hat, wodurch in vielen Fällen die Gespräche Verkäufer/ Ein-käufer auf einem deutlich höheren Niveau stattfinden als früher. Konnte der Außendienstmitarbeiter noch vor Jahren mit einer Neuheit Verblüffung und Neugier hervorrufen, muss er sich heute äußerste Mühe geben, um bei seinem potenziellen Abnehmer überhaupt einen Hauch von Interesse zu erzeugen. Wiederum aufgrund des massiven Wettbewerbs sind die Beschaffungsstellen in den Unternehmen heute viel besser über die im Markt angebotenen Leistungen und Waren informiert, als das früher denkbar war. Denn die Abnehmer werden heute ja ununterbrochen mit allen möglichen Offerten geradezu bombardiert, sei es per Post, per Fax, durch das Internet, durch Telefonanrufe oder durch den persönlichen Verkäufer-besuch. Bei diesen Kontakten werden Produkte und ihre Wirkungsweise beschrieben, die besonderen Vorteile hervor-gehoben und der Nutzen, der sich aus ihrer Anwendung ergibt, ausführlich dargelegt. Und auch wenn viele dieser Bemühungen ohne konkrete Wirkung bleiben, führen sie doch dazu, dass das Wissen auf der Abnehmerseite über die Angebote im Markt laufend erweitert und vertieft wird.

2. Verkaufen erfordert System und Konsequenz

a) Die herkömmliche Verkaufspraxis hat ausgedient

Die Erschwerung der Verkaufsbedingungen, wie hier beschrieben, trat nicht über Nacht ein, sondern entstand Schritt für Schritt und über einen längeren Zeitraum. Sie gab den erfolgsorientierten Unternehmen Gelegenheit, ihr Verkaufssystem zu überdenken und nach neuen Vertriebsstrategien zu suchen. Dabei wurden die einzelnen Maßnahmen des gesamten Vertriebsapparats untersucht, um herauszufinden, an welchen Stellen Veränderungen nötig sind und in welchen Richtungen sie erfolgen müssten. Eindeutiges Ziel war dabei die Erhöhung der Marktpräsenz und eine deutliche Verbesserung der Kommunikation mit dem einzelnen Kunden. Und diese Ziele mussten erreicht werden, ohne dass die Kosten dabei ins

Unermessliche stiegen. Tiefgehende Analysen der Abläufe im Verkauf ergaben schließlich, dass für zielgerichtetes, erfolgreiches Vorgehen im Markt die folgenden Voraussetzungen erfüllt werden müssen:

1. Klare Beschreibung des Angebots.
2. Eindeutige Definition des Marktes.
3. Transparenz über die Aktivitäten des Wettbewerbs.
4. Herausarbeitung der Vorzüge des Angebots.
5. Entwicklung eines Systems optimaler Kundenbeziehungen.

Bei der Erarbeitung dieser fünf Punkte wurde erkannt, dass der althergebrachte Vertrieb nicht mehr ausreicht, um in stark umkämpften Märkten auf Dauer befriedigende Ergebnisse zu erzielen. Denn mit ein paar Anzeigen in Fachzeitschriften, einigen bunten Prospekten und fröhlichen Verkäufern, die nach Laune und Routine Kunden besuchen, werden heute nicht mehr die gewünschten Ergebnisse erzielt. Erfolg hat nur, wer im Markt aktiv und zielstrebig vorgeht und sich vor allen Aktivitäten zunächst über die folgenden zwei Punkte absolute Klarheit verschafft:

1. Was haben wir tatsächlich anzubieten?
2. An wen konkret richtet sich unser Angebot?

Nach dieser Analyse ist es notwendig, Methoden zu entwickeln, mit denen diese beiden Punkte in Übereinstimmung gebracht werden, d.h. mit denen erreicht wird, dass das präzise beschriebene Lieferprogramm den genau definierten potenziellen Abnehmern nahegebracht und verkauft wird. Mit anderen Worten: Es ist eine klare Markt- bzw. Marketingstrategie zu entwickeln und konsequent im Markt umzusetzen.

b) Erfolg nur durch Marketing und Product Management

Man kann „Marketing" gleichsetzen mit dem Begriff „Aktives Verkaufen". Marketing bedeutet in diesem Sinne, dass der Anbieter nicht warten soll, bis ein Kunde zu ihm kommt, sondern dass er sich selbst aktiv auf die Suche nach geeigneten Abnehmern macht, ihnen gezielt sein Angebot präsentiert und sie dazu bringt, die Waren bzw. Leistungen zu erwerben.

Das Prinzip Marketing

Marketing ist

- die gezielte Bearbeitung
- genau definierter Abnehmer
- mit einem präzisen Angebot.

Erste Voraussetzung für die Realisierung des Prinzips Marketing besteht darin, dass völlige Klarheit über Angebot und Abnehmer herbeigeführt wird. (Wie bei dieser nicht einfachen Arbeit vorzugehen ist, wird nachfolgend näher dargelegt.) Denn ohne diese Kenntnisse ist „Aktives Verkaufen" nicht möglich: Wer nicht weiß, was sein Angebot im Einzelnen umfasst, kann keine substantiellen Verkaufsgespräche führen. Und wer sich im unklaren ist, für wen sein Angebot interessant und nützlich ist, wird bei seinen Vertriebsbemühungen ungeeignete Kontakte herstellen und erfolglose Gespräche führen.

Nach der Schaffung dieser Grundlagen beginnt die wahre Kunst des Marketing. Denn jetzt gilt es, Verfahren und Methoden zu entwickeln, mit denen das Angebot zum Kunden „gebracht" wird.

Die Aufgaben von Marketing

1. Die vollständige Ausrichtung auf die Kunden.
2. Die gezielte Ansprache der Kaufentscheider.
3. Die überzeugende Präsentation des Angebots.
4. Die systematische Verringerung aller verkaufsbehindernden Umstände.
5. Die permanente Verstärkung aller verkaufsfördernden Faktoren.

B. Die Notwendigkeit professionellen Marketings

1. Die Marketingstrategie als Teil der Unternehmenspolitik

Etwas pauschal kann man sagen, dass das Unternehmensziel darin besteht, das Unternehmen zu erhalten, damit es dauerhaft Menschen Arbeit gibt und zum allgemeinen Wohlstand beiträgt. Zur Realisierung dieses Ziels müssen die verschiedensten Bedingungen erfüllt werden, z.B. auf den Gebieten Finanzen, Personal, Produktion, Umwelt usw. Vor allem aber muss der nötige Umsatz erzielt werden, weil letztlich nur dadurch der lebensnotwendige Gewinn und das Wachstum zu erreichen sind, die den gesamten Apparat am Laufen halten. Insofern besteht eine der wichtigsten Aufgaben des Unternehmens darin, auf der Absatzseite anhaltend erfolgreich zu sein. Dem Vertrieb der Produkte kommt daher unter allen Unternehmenstätigkeiten eine überragende Bedeutung zu.

Konkret bedeutet die Notwendigkeit der Umsatz- und Gewinnerzielung für den Absatzverantwortlichen, ein System zu entwickeln, mit dem dieses wichtige Ziel langfristig und professionell sichergestellt wird.

Fragen zum praktischen Marketing

1. Wer ist mein Kunde ?
2. Was benötigt mein Kunde?
3. Welche Erwartungen hat mein Kunde?
4. Was kann ich ihm bereits bieten?
5. Wo erfülle ich seine Erwartungen nicht?
6. Was kann ich tun, um sie zu erfüllen?
7. Welche Aktionen setze ich um?

a) Strategische und praktische Tätigkeiten

Die wesentlichen Aktivitäten zur Erreichung des Unternehmensziels bestehen zunächst in der Entwicklung einer möglichst präzisen Marketing-Strategie. Danach beschäftigt man sich mit der Analyse aller Faktoren, die für die Durchsetzung dieser Strategie maßgeblich sind. Hierauf folgt eine Unmenge von praktischen Arbeiten, mit denen die Konzeption in die Wirklichkeit umgesetzt wird. Unter strategischen Gesichtspunkten wird sodann in regelmäßigen Abständen untersucht, wieweit die geplanten Ziele erreicht werden, und als Folge davon wird die Strategie notfalls modifiziert oder es werden neue Strategien entwickelt.

Die Entwicklung einer ausgereiften Marketingstrategie erfordert analytisches Denkvermögen, die Begabung zu abstraktem Denken und die Fähigkeit zu nüchternem Durchspielen der verschiedensten Alternativen. Die betriebliche Praxis zeigt, dass für diese Aufgabe der typische Verkäufer nicht besonders gut geeignet ist. Sein Talent liegt auf einem anderen Gebiet. Der Marketingstratege wie der Verkäufer sind in ihrer gesamten Tätigkeit ausgerichtet auf die Kunden, aber jeder mit einem anderen Schwergewicht. Das primäre Interesse des im praktischen Verkauf tätigen Mitarbeiters besteht in der Realisierung möglichst rascher Verkaufserfolge, denn dafür werden Verkäufer eingesetzt und bezahlt. Sie haben wenig Verständnis für die Notwendigkeit der strategischen Positionierung des Unternehmens im Markt und für die Entwicklung übergeordneter Absatzziele. Das ist die Aufgabe spezieller Fachleute, die unter dem Namen „Marketing“ ein Konzept entwickeln, das dem Unternehmen eine starke Stellung im Markt gibt, Wachstum gewährleistet und langfristig befriedigenden Absatz sicherstellt.

b) Der Unterschied zwischen Marketing und Verkauf

Die Zielrichtung der beiden Funktionen ist sehr unterschiedlich, sie verlangt andere Denk- und Arbeitsweisen und dadurch letztlich auch unterschiedliche Menschentypen. Der kühle Stratege, der Marktchancen analysiert und Preissysteme entwickelt, ist an der Verkaufsfront in der Regel nicht so effektiv wie der Verkäufer, der mit Enthusiasmus und Unverdrossenheit immer wieder den Kundenkontakt sucht und schließlich, allen Rückschlägen zum Trotz, den Auftrag hereinholt. Es gibt in der Literatur und in der Praxis so gut wie keine Fälle, die belegen, dass ein guter Marketingmann auch ein hervorragender Verkäufer ist – und umgekehrt. Und wenn die beiden Funktionen dennoch in eine Hand gelegt werden, wird eines der beiden Gebiete mit Gewissheit zu kurz kommen. (Dass dieser Tatbestand häufig nicht offen zu Tage tritt, liegt daran, dass über Funktion und Aufgaben des Marketingmanagers oft so unklare Vorstellungen bestehen, dass die Schlechterfüllung dieses Jobs gar nicht sonderlich auffällt.)

Die naturgegebene unterschiedliche Mentalität beider Mitarbeiter ist auch ein Grund dafür, dass zwischen diesen Bereichen oft Spannungen bestehen und gemeinsame Strategien häufig schwer zu realisieren sind. Wie stark die Aufgaben beider Gruppen voneinander abweichen, zeigt die folgende Darstellung.

Die grundlegenden *Aufgaben des Verkaufs* liegen auf den folgenden Feldern:

1. Umsatz steigern.
2. Kurzfristige Ergebnisse erzielen.
3. Konkreter Erfolg bei einzelnen Kunden.
4. Arbeit „draußen".

Daraus ergeben sich die folgenden *praktischen Tätigkeiten des Verkaufsleiters*:

1. Er führt, motiviert und kontrolliert die Verkäufer.
2. Er definiert und erläutert die Verkaufsergebnisse.
3. Er ermittelt das Marktpotenzial pro Kunde (Total – Wettbewerb – Wir).
4. Er analysiert die Daten der Verkaufsstatistiken.
5. Er erstellt eine jährliche Verkaufsplanung.
6. Er arbeitet kontinuierlich an Produktweiter- und neuentwicklungen.

Vom Aufgabenbereich und den Tätigkeiten des Verkaufs unterscheiden sich sehr deutlich diejenigen des Marketingleiters bzw. Product Managers.

Die grundlegenden *Aufgaben des Marketingleiters* bzw. *Product Managers*:

1. Gewinnsicherung.
2. Berücksichtigung langfristiger Entwicklungen.
3. Beobachtung und Analyse von Problemen und Chancen im Markt.
4. Marktdifferenzierung und Kundenstrategie.
5. Analyse, Planung und Kontrolle.

Diese kurzen Job-Beschreibungen machen den Unterschied zwischen den beiden Vertriebsabteilungen deutlich: Der Verkäufer ist der Mitarbeiter, der persönlich im Markt unterwegs ist und durch seine Gespräche und Verhandlungen dafür sorgt, dass die vorgegebenen Umsatzziele in Menge und Wert erreicht werden. Er arbeitet für „den Auftrag", er bringt den Kunden dazu, Waren zu bestellen und auch tatsächlich abzunehmen. Demgegenüber hat Marketing ein ganz anderes Vertriebsschwergewicht:

Hier steht die Strategie im Vordergrund, hier geht es um das grundsätzlich planvolle Vorgehen im Markt, hier werden Analysen langfristiger Entwicklungen durchgeführt und hier wird schließlich immer entscheidendes Gewicht nicht nur auf Erreichen der Umsatzmengen, sondern auch auf die dabei erzielten Gewinne gelegt.

2. Product Management – die spezielle Art des Marketings

Viele Begriffe im Management kommen irgendwann einmal auf, sind plötzlich in aller Munde, und kein Mensch weiß später mehr, wem die Erfindung eigentlich zu verdanken ist und ob sich die Bedeutung der Bezeichnung im Laufe der Zeit nicht sogar ganz erheblich verändert hat. Diese Unsicherheit besteht nicht beim Ausdruck „Product Management".

Eindeutig wurde diese Bezeichnung von der amerikanischen Firma Procter & Gamble in den dreißiger Jahren des vorigen Jahrhunderts erfunden, und Sinn und Funktion des Product

Managements haben sich in den inzwischen vergangenen Zeiten nicht wesentlich verändert. In der US-Waschmittelfirma wurde damals eine neue Seife mit dem Namen „Camay" eingeführt, die in direktem Wettbewerb zur schon im Markt befindlichen Seife „Ivory" treten würde, die ebenfalls ein Produkt von Procter & Gamble war. Man befürchtete zu Recht, dass die eigenständige Positionierung des neuen Erzeugnisses bei den Verbrauchern Probleme bereiten könnte, wenn die Marktbetreuung von den gleichen Mitarbeitern verantwortet würde, die schon für Ivory zuständig waren. Die Vertriebsleitung sah diese Probleme nicht nur für den Markt, sondern auch innerhalb des Unternehmens, weil zwei gleichartige Produkte sich letztlich gegenseitig im Wege stehen, wenn es um Werbebudgets, Slogans und Verkaufsförderungsaktionen geht. So kam man auf die Idee, das neue Produkt aus der Marketinggruppe für Seifen herauszunehmen und es einem einzelnen Manager zu übertragen, der vollständig und ausschließlich für die Seife Camay intern und extern verantwortlich sein sollte. Dieser Mitarbeiter erhielt die Aufgabe, das neue Produkt so gut zu „managen", dass es im Markt ein Erfolg wurde. Der Begriff Product Management war geboren.

Die Wirksamkeit von Marketingaktivitäten hängt stark davon ab, wie ein Unternehmen strukturiert ist. Gibt es verschiedene Produktbereiche mit unterschiedlichen Merkmalen und demgemäß auch unterschiedlichen Abnehmern und Märkten, kann es sinnvoll sein, für jedes Segment einen voll verantwortlichen Marketingmitarbeiter einzusetzen. Diese Vorgehensweise kann auch angebracht sein, wenn sich die Produkte zwar recht ähnlich sind, aus bestimmten Gründen aber unter verschiedenen „Philosophien" vertrieben werden sollen. Auch in diesem Fall kann die separate Marketingbetreuung Nutzen bringen. Im Extremfall kann es aber auch dazu führen, dass intern für das Gesamtergebnis schädliche Wettbewerbs- und Verdrängungsmaßnahmen praktiziert werden. Auf jeden Fall werden gute Marketingergebnisse immer dann erzielt, wenn die Marktbetreuung für bestimmte Produkte einer speziellen Person übertragen werden. Diese Mitarbeiter nennt man

„Product Manager“ und das System, das sie praktizieren, heißt „Product Management“.

Das Prinzip des Product Managements

Der Product Manager bekommt die Verantwortung für ein einzelnes Produkt und dessen Vertrieb übertragen und wird zum Anwalt und Anhänger dieses Produkts innerhalb des Unternehmens.

Er legt die Marketingziele des Produkts fest, plant die Aktionen, mit denen diese Ziele erreicht werden sollen, koordiniert die Termine sowie alle anderen Marketingaktivitäten und erstattet dem Produktgruppenmanagement regelmäßig Bericht.

Die Vorteile des Product Management liegen auf der Hand: die klare Aufgabenstellung erlaubt zielgerichtetes, präzises Arbeiten und gute Kontrolle der Ergebnisse.

Vorteile des Product Managements

- Klare Aufgabenstellung.
- Überschaubare Arbeitsfelder.
- Intensive und zielgerichtete Tätigkeit.
- Gute Meßbarkeit der Ergebnisse.

Das System des Product Managements ist fast zu vergleichen mit den Praktiken in der Landwirtschaft. Da spricht man von extensiver und intensiver Tätigkeit: Im ersten Falle bedeutet es das großzügige „Beackern“ weiter Landstriche und im zweiten Fall die „intensive Arbeit“ auf überschaubaren Feldern. Es ist einleuchtend, dass bei dem Letztgenannten mehr herauskommt. Beim Product Management verhält es sich ähnlich. Im Gegensatz zur zentralen Marketingabteilung, die sich „um alles“ (extensiv) kümmern muss und dabei naturgegeben bestimmte Gebiete bevorzugt und andere vernachlässigt, ist das Product Management auf ein spezielles Gebiet beschränkt und hier gleichmäßig „intensiv“ tätig.

a) Die Position des Product Managers im Unternehmen

Für die Position des Product Managers gibt es keine allgemeingültige Beschreibung des Arbeitsplatzes, der Aufgaben und des Einflusses. Das liegt an der höchst unterschiedlichen Rolle, die der Product Manager von Unternehmen zu Unternehmen und sogar innerhalb des gleichen Betriebs einnehmen kann. Im Folgenden wird dargelegt, welche Gründe in der Regel für die Einsetzung eines Product Managers maßgeblich sind und welche Faktoren die Aufgaben und die Bedeutung des Product Managers bestimmen.

Der Product Manager wird bevorzugt von Unternehmen eingesetzt, die verschiedene Produkte vertreiben, deren Umsatzvolumen für das Unternehmen bedeutungsvoll sind, d.h. die nicht zu gering, aber auch nicht von ausschlaggebender Bedeutung sind. Das heißt darüber hinaus, dass man in der Regel für die Betreuung eines völlig unwichtigen Produkts keinen speziellen Product Manager einsetzen wird. Andererseits aber auch nicht für ein Produkt, mit dessen Erfolg oder Nichterfolg das gesamte Unternehmen lebt oder stirbt.

Generell kann festgestellt werden, dass die Bedeutung des Product Managers, d.h. der Einfluss seiner täglichen Arbeit auf den Erfolg des Unternehmens, stark davon abhängt, auf welcher Stufe seine Position angesiedelt ist. Hat er noch mehrere Hierarchieebenen über sich, ist seine Bedeutung naturgegeben geringer, als wenn er unmittelbar dem Leiter Vertrieb berichtet.

Das Arbeitsgebiet des Product Managers wird in erster Linie davon bestimmt, welche speziellen Aufgaben ihm innerhalb des gesamten Vertriebssystems zugewiesen werden. Außerdem wird seine Tätigkeit beeinflusst von der Anzahl der insgesamt tätigen Product Manager innerhalb seines Produktbereichs. Schließlich wird der Aufgabenumfang geprägt von den im Unternehmen für die Marketingarbeit zur Verfügung stehenden Service- und Stabsabteilungen; daneben ist auch die Verfügbarkeit von unternehmensexterner Unterstützung ein entscheidender Faktor.

b) Die Arbeitsgebiete des Product Managers

Der Product Manager ist für den erfolgreichen Absatz seines Produkts bzw. seiner Produktgruppe verantwortlich. Das bedeutet, dass er sehr vielfältige Aufgaben wahrzunehmen hat und seinen Einfluss auf allen Gebieten geltend machen muss, die in irgendeiner Weise seinen Verantwortungsbereich berühren. Denn er soll ja alles tun, damit sein Produkt möglichst großen Erfolg hat, und Einfluss darauf können die unterschiedlichsten Vorgänge im Unternehmen und außerhalb haben.

Welche Aufgaben im einzelnen Unternehmen vom Product Manager wahrzunehmen sind, lässt sich pauschal nicht sagen, da seine Stellung nicht allgemein beschrieben ist und die Tätigkeit nach Art der Firma und der vertriebenen Produkte sehr stark variiert. Es soll daher darauf verzichtet werden, in diesem Buch alle Beschäftigungen aufzuführen, die grundsätzlich in den Arbeitsbereich eines Product Managers fallen können. Sie reichen allein im Unternehmen vom Verkauf bis zur Produktion, von der Technik bis zum Controlling, von der Produktgestaltung bis zur Logistik und noch in viele andere Bereiche. Im Folgenden werden nur die wesentlichen Aufgaben und Tätigkeiten dargestellt, die für erfolgreiches Arbeiten des Product Managers in allen Unternehmen maßgeblich sein dürften.

Für den erfolgreichen Verlauf der Arbeit des Product Managers ist es unerlässlich, dass vor aller praktischen Tätigkeit klar definiert wird, was mit dem Produkt in einem gegebenen Zeitraum realisiert werden soll. Das verlangt die folgenden Tätigkeiten:

1. Definition der Marketingziele.
2. Festlegung der Maßnahmen.
3. Planung der Zeit und Kosten.

Diese Aktivitäten werden zweckmäßigerweise in einem Marketingplan niedergelegt, um so für alle Schritte verbindliche Größen zu besitzen. Dieser Plan dient aber nicht nur als „strategischer Arbeitsplan“ für den Produktverantwortlichen, sondern er hat noch einem weiteren Zweck: Er stellt das Kommunikationsmittel dar, durch das sich der Product Manager mit den Kollegen vom Verkauf verständigt und das er benutzt, um seine Leistungen und Erfolge der Geschäftsleitung zu vermitteln. Die effektive Kommunikation mit diesen beiden Gruppen ist für die erfolgreiche Tätigkeit des Product Managers von größter Bedeutung.

c) Die Zusammenarbeit mit dem Verkauf

Die Funktion des Product Managers besteht darin, alles zu veranlassen, was für den erfolgreichen Verkauf eines Produkts/ einer Produktgruppe nötig ist. Dazu gehören aber nicht die Tätigkeiten, die den unmittelbaren Verkauf betreffen, also Verkaufsgespräche und Verhandlungen mit den Kunden und schließlich der Verkaufsvorgang selbst. Diese Arbeiten liegen nicht in seiner Hand, sondern werden von den Mitarbeitern der zuständigen Verkaufsabteilung wahrgenommen. Der eine ist also der Stratege und Planer und der andere der Ausführer. Beide Funktionen sind für den erfolgreichen Vertrieb unerlässlich, sie unterscheiden sich aber recht deutlich voneinander, und für ihre effektive Ausführung werden unterschiedlich eingestellte und begabte Mitarbeiter benötigt. In der Regel unterscheiden sich diese beiden Gruppen daher auch so stark, dass es zwischen ihnen immer wieder zu Unstimmigkeiten und Reibungen kommt.

Der erfolgsorientierte Product Manager muss diese Situation klar erkennen und bestens beherrschen: Er ist auf die aktive Zusammenarbeit mit den Verkäufern angewiesen, muss aber in seiner Arbeit oft ganz andere Schwerpunkte setzen und in Kategorien denken und handeln, die den Verkäufern zum Teil unbekannt, zum Teil unerklärlich sind und manchmal sogar als höchst unsinnig erscheinen. Im Kapitel B.1.b) wurden die unterschiedlichen Aufgaben von Marketing/Product Management und Verkauf bereits näher erläutert.

Gelingen kann die immer labile Kooperation mit dem Verkauf nur, wenn die Strategien und Pläne des Product Managers bestens durchdacht, mit harten Fakten belegt und so verständlich dargelegt werden, dass sie dem Vertriebspersonal einleuchten.

d) Marktstrategien effektvoll umsetzen

Die Qualität des Product Managers zeigt sich auch in der Akzeptanz und Umsetzungsfähigkeit seiner Marktstrategien durch das Verkaufspersonal. Marketingleute sind aus anderem Holz geschnitzt als Verkäufer, sie denken und agieren anders, nicht nur weil das ihrer Natur entspricht, sondern weil es ihre Aufgabe ist. Da sie aber essenziell auf den Verkaufsapparat angewiesen sind, sollen sie sich immerzu bemühen, Divergenzen abzubauen und Missverständnisse erst gar nicht aufkommen zu lassen. Wesentliches Instrument dazu sind häufige Fachkontakte, die sich im Büroalltag ergeben können, daneben aber auch gezielt gesucht werden sollen. Der Product Manager soll dazu

- Regelmäßig an Verkaufskonferenzen teilnehmen.
- Dem Verkauf Strategien, Planungen und Ergebnisse präsentieren.
- Kontinuierlich zusammen mit dem Außendienst Kunden besuchen.
- Laufend selbst Gespräche mit Abnehmern führen.
- Verkaufsmitarbeiter zu Marketingkonferenzen einladen.
- Marketingstrategien und -maßnahmen den Außendienstmitarbeitern „verkaufen".

Es wurde erwähnt, dass neben dem Verkauf auch die Geschäftsleitung über Inhalt und Hintergrund des Marketingplans zu unterrichten ist. In vielen Unternehmen gehört dies sowieso zu den Aufgaben des Product Managers, aber auch wenn keine solche Regelung besteht, ist die regelmäßige Information des Top Managements höchst empfehlenswert.

e) Der Product Manager muss sich selbst „verkaufen"

Obwohl der Begriff Product Manager in den USA schon vor fast 70 Jahren eingeführt wurde, besteht bei vielen leitenden

Managern in Deutschland heute immer noch Unklarheit über die Aufgaben, Tätigkeiten und Ziele dieser Mitarbeiter. Vielfach wird diese Position sogar als reine Modeerscheinung angesehen und von manchen Leitenden etwas argwöhnisch betrachtet, weil sie viel Geld kostet und aus ihrer Sicht wenig konkrete Ergebnisse bringt. Um diesem weit verbreiteten Irrglauben entgegenzuarbeiten, sollte der Product Manager den Kontakt zur Geschäftsleitung suchen und permanent alle Möglichkeiten nutzen, um Sinn und Ziel seiner Arbeit zu erläutern und die Ergebnisse vorzustellen. Er wird bei dieser Tätigkeit um so mehr Erfolg haben, je knapper, präziser und überzeugender er seine Arbeit präsentiert. Wer in den häufig unter Zeitdruck stehenden Konferenzen auf höchster Ebene langatmige, sich in Einzelheiten verlierende Vorträge hält, tut sich selbst keinen Gefallen und wird nur schwer die Gelegenheit zur Wiederholung erhalten. Dagegen wird eine perfekte, Kompetenz und Erfolge belegende Präsentation nicht nur auf große Aufmerksamkeit treffen, sondern dem Vortragenden auch auf der Karriereleiter gute Dienste leisten.

Erfolgsorientierte Product Manager informieren die Geschäftsleitung regelmäßig über Strategien, Ziele und Ergebnisse. Denn die Erfahrung lehrt, dass alle noch so gut angewandten Fachkenntnisse zu keinem Erfolg führen, wenn die Kommunikation „nach oben“ nicht zielgerichtet und effektiv betrieben wird.

Unabhängig von der Größe und dem Lieferprogramm einer Firma können die folgenden Fragen dem Product Manager helfen, sich richtig zu orientieren und sich planmäßig den zutreffenden Aufgaben zu widmen.

f) Checkliste für den Product Manager

1. Wie soll sich unsere Produktgruppe in ein, zwei und fünf Jahren darstellen?
2. Auf welchen Gebieten (Märkten, Produkten, Kompetenz) müssen deutliche Verbesserungen erzielt werden?
3. Worin liegen die Stärken unseres Angebots, wie lassen sie sich definieren und überzeugend herausstellen?

4. Worin bestehen die Kundenbedürfnisse und wie werden sie bestmöglich erfüllt?
5. Welche Schwächen hat unser Angebot, wie lassen sich diese positiv darstellen und interpretieren? Wie können sie abgebaut werden?
6. Wann und wo müssen wir unser Angebot geänderten Kundenerwartungen anpassen?
7. Welche neuen Produkte und Leistungen erbrächten zusätzlichen Umsatz und Gewinn?
8. Erfüllt das bestehende Distributionssystem alle Anforderungen?
9. Mit welchem Ziel und an welchen Stellen lässt es sich verbessern?
10. Wie differenzieren wir uns eindeutig vom Wettbewerb?
11. Worin bestehen die wirklich kaufentscheidenden Kriterien?
12. Kennen wir alle Vorgänge im Markt, die unseren Absatz behindern bzw. fördern und wie nehmen wir darauf Einfluss?

C. Aufgaben und Arbeitstechniken des Product Managers

1. Entwicklung des optimalen Marketing Mix

a) Die klassischen vier Marketingelemente

Wie erwähnt wurde, bezeichnet Marketing den Prozess, der in Gang gesetzt wird, um ein bestimmtes Produkt (oder eine Dienstleistung) einer genau definierten Abnehmergruppe so nahe zu bringen, dass es von dieser erworben wird. Die verschiedenen Elemente dieses Prozesses, d.h. alle Maßnahmen, die ergriffen werden, um die Kommunikation zwischen Anbieter und Abnehmer möglichst effektiv zu machen, also den Absatz wirkungsvoll zu gestalten, bezeichnet man als Marketing Mix. In der amerikanischen Wirtschaft sind dafür vier Betätigungsfelder definiert worden: **P**roduct, **P**rice, **P**lace und **P**romotion. In unserer Sprache lauten die Entsprechungen: Produkt, Preis, Distribution und Verkaufsförderung.

Auf den ersten Blick mag der Eindruck entstehen, dass die vier P nicht das ganze Marketinggebiet abdecken können. Wie der amerikanische Marketingspezialist *Kotler* nachweist, sind hierin tatsächlich alle wesentlichen Gebiete des Absatzes enthalten, wenn auch nach seiner Ansicht, vor allem wegen der zunehmenden Globalisierung der Wirtschaft, zwei weitere P hinzuzufügen sind. Hier zunächst ein Blick auf den Inhalt der ursprünglichen vier P.

- Der Begriff *Produkt* umfasst die Themen: Produktvarianten, Packungsgröße, Liefereinheit, Ausstattung, Verpackung, Design, Markenname, Garantie und Kundendienst.
- Der Begriff *Preis* umfasst die Themen: Listenpreis, Nachlässe, Rabatte, Skonti, Zahlungsziel und Kundenkredite.
- Der Begriff *Distribution* umfasst die Themen: Absatzkanäle, Groß- und Einzelhändler, Konsignationslager, Logistik, Warenbestand, Auslieferung und Transport.

- Der Begriff *Verkaufsförderung* umfasst die Themen: Werbung, Public Relations, Absatzförderprogramme, Verkauf, Produktpräsentationen und Kundenseminare.

b) Zwei neue Felder der Marketingtätigkeit

Die zusätzlich von *Kotler* vorgeschlagenen Bestandteile des Marketing Mix betreffen **P**olitik und **P**ublic Opinion.

Der amerikanische Wissenschaftler macht diesen Vorschlag, weil nach seiner Ansicht die *Politik* zunehmend Einfluss auf die Wirtschaft nimmt und belegt dies mit Beispielen aus der Genussmittelindustrie (Verbot der Zigarettenwerbung) und der Stahlindustrie (gesetzliche Auflagen zur Schadstoffemission). Seine Schlussfolgerung lautet, dass Marketing in derart betroffenen Branchen zur Realisierung der Umsatzziele zukünftig auch im politischen Feld aktiv werden müsse. Zum Beispiel durch Unterstützung bestimmter Interessengruppen oder durch gezielte Lobbyarbeit.

Auch die *öffentliche Meinung*, die sich in Zeitungen und im Fernsehen ausdrückt, kann heute Einfluss auf das Verhalten von Konsumenten haben. Man denke etwa an die Kaufzurückhaltung vieler Verbraucher im Zusammenhang mit dem Bekanntwerden der BSE-Erkrankung von Rindern in den Jahren 2000/2001. Ebenso ist die Änderung der Essgewohnheiten vieler US-Amerikaner aufgrund der Veröffentlichungen über die Gefahr des Cholesterin ein Beispiel für den Einfluss der „Public Opinion" auf den Absatz diverser Firmen. Marketingstrategen sollen daher auch diesem sechsten **P** in Zukunft Aufmerksamkeit schenken und wo immer nötig Maßnahmen in die Wege leiten, die den veröffentlichten Aussagen entgegenwirken.

Ohne Zweifel wird die Beeinflussung der öffentlichen Meinung in den kommenden Jahren noch viel stärkeren Effekt auf das Wirtschaftsgeschen haben, als sich das jetzt, zu Beginn des neuen Jahrhunderts, zeigt. So besteht in der Industrie weit verbreitet die Ansicht, dass zum Beispiel die spektakuläre Übernahme von Mannesmann durch die englische Firma

Vodafone zum großen Teil auch auf die öffentlichkeitswirksamen Auftritte des britischen Firmenchefs zurückzuführen sind und dass die herausragenden Erfolge der amerikanischen Firma General Electric auch mit dem effektvollen Wirken ihres Vorstandsvorsitzenden in der Öffentlichkeit in Zusammenhang stehen. Es würde zu weit führen, diesen Gesichtspunkt hier tief und breit zu behandeln, vor allem weil es in der Regel nicht Aufgabe eines Product Managers ist, Maßnahmen zur Beeinflussung der „Public Opinion" zu entwickeln und in Gang zu setzten. Ohne Zweifel wird aber „die Öffentlichkeit" in Zukunft viel stärkeres Gewicht haben und unmittelbar Produkt- und Marktstrategien beeinflussen. Der zukunftsgerichtete Product Manager soll sich auf diese Entwicklung einstellen und ihr die notwendige Aufmerksamkeit widmen.

c) Schwerpunkte richtig setzen

Die Interpretation des Marketing Mix durch die vier bzw. sechs P ist grundsätzlich richtig, sie hat aber den Nachteil, dass sie ein zu starres Bild von der Tätigkeit des Marketing bzw. Product Managers gibt. Denn diese sechs Gebiete haben in der Praxis des täglichen Geschäfts ein höchst unterschiedliches Gewicht und werden daher vom Product Manager auch keinesfalls mit gleich starker Intensität bearbeitet. Ohne Zweifel nimmt das vierte Gebiet (Promotions) die vorrangige Stellung ein, weil hier unmittelbar am meisten für die Förderung des Produkts bzw. der Produktgruppe getan werden kann.

Es gehört zum Kern der Aufgaben des Marketingverantwortlichen, dass er sich immerzu und tiefgehend mit „seinem Produkt" beschäftigt und sich dabei fragt, ob die Merkmale für den Abnehmer klar erkennbar sind, ob der Produktname zutreffend und attraktiv ist und ob zum Beispiel an der Verpackung etwas verbessert werden kann. Ebenso untersucht er in regelmäßigen Abständen, ob der Preis noch marktgerecht ist, welches Kosten-Nutzen-Verhältnis sich ergibt und ob Umsatz und Gewinn durch Preisänderungen oder andere Maßnahmen zu beeinflussen sind. Ähnliche Überlegungen stellt der Product

Manager zu Punkt 3 (Place) an und analysiert die Effizienz seiner Absatzorganisation, die Anteile des direkten und indirekten Verkaufs usw. Alle drei Sektoren (Produkt, Preis und Distribution) sind von grundlegender Bedeutung für den Markterfolg, sie unterscheiden sich aber wesentlich vom vierten P, der Promotion. Denn auf diesen Bereich verwendet der Product Manager mit Abstand den größten Teil seiner Zeit und Energie, hier arbeitet er geradezu jeden Tag, während die übrigen Gebiete nur in größeren Zeitabständen bei ihm die erste Rolle spielen.

Der Grund für diesen starken Unterschied liegt in der Natur der Sache: Ein Product Manager kann nicht permanent das Produkt ändern; das ist zu teuer, für die Markenbildung (bei Konsumgütern) geradezu tödlich und führt insgesamt höchstens zur Verwirrung bei den Abnehmern. Fast genauso verhält es sich mit dem Preis, wenn hier laufende Veränderungen vorgenommen werden. So gut sie für die Gewinnverbesserung sein mögen, ergeben sich mit Sicherheit höchst negative Effekte im Markt und die Beziehungen zu den Abnehmern werden erheblich beeinträchtigt. Im sensiblen Preissektor sind Kontinuität und Glaubwürdigkeit gefragt, die alle hektischen, nach außen unsinnig erscheinende Aktionen ausschließen. Und auch auf dem drittgenannten Gebiet (Vertrieb) besteht wenig Anlass für kontinuierliche Aktivitäten: Zunächst, weil Modifikationen im Distributionssystem nie kurzfristig realisierbar sind, daneben aber auch, weil laufende Veränderungsmaßnahmen, die die Mitarbeiter im Verkaufsaußendienst und im Handel persönlich betreffen, viel mehr schaden als nützen. Ebenso wenig ein Tagesgeschäft sind die beiden neuen Teile des Marketing Mix: die Politik und die öffentliche Meinung.

Ganz anders verhält es sich mit dem vierten P, der Promotion, also der Verkaufsförderung. Hier sind pausenlos Aktionen gefragt, hier muss ununterbrochen etwas in Szene gesetzt werden, um die Aufmerksamkeit der Kunden wach zu halten, um Mitanbieter abzuwehren und um neue Abnehmer zu finden.

Die Begriffserklärung des Marketing Mix mit den vier bzw. sechs grundsätzlichen Betätigungsfeldern ist zutreffend – nur nehmen sie in der Tagesarbeit des Product Managers höchst unterschiedlichen Wert ein. Sollte man die vier/sechs nach ihrer Bedeutung gewichten, entfiele auf die Verkaufsförderung sicher ein Anteil von 80% und mehr. Aus diesem Grund wird das Marketing Mix in den folgenden Ausführungen auch überwiegend unter diesem Gesichtspunkt behandelt.

2. Klarheit über Art und Umfang des Angebotspalette

Die Basis der Tätigkeit des Product Managers beruht auf dem Verkaufsprogramm, für das er zuständig ist. Daher muss er sich immer wieder mit allen Aspekten dieses Punktes beschäftigen. Die folgenden Fragen stehen dabei im Zentrum seiner Tätigkeit.

a) Was verkaufen wir eigentlich?

Zunächst ist wichtig, dass sich der Product Manager völlige Klarheit über den Umfang und die Eigenschaften seiner Produktpalette verschafft und wirklich über alle Aspekte bis in die Einzelheiten informiert ist. Dazu zählen diese Punkte:

- *Produkte*: Produktnamen, Bezeichnungen, Eigenschaften, Beschaffenheit, Leistungswerte, Qualitätsmerkmale, geplante Programmbereinigungen und Neuentwicklungen.
- *Lieferung*: Bezugskonditionen, Liefereinheiten, Lieferzeiten, Logistik, Preise, Nachlässe, Rabatte.
- *Herstellung*: Produktionsverfahren, eingesetzte Rohstoffe, Verträglichkeit mit anderen Materialien, Dauer der Verwendbarkeit, Lagervorschriften.
- *Zusatzleistungen*: Service, Training der Kundenmitarbeiter, Rücknahmekonditionen, Umtauschmöglichkeiten, Spezialanfertigungen, Sonderausführungen, Erfahrungen anderer Anwender/Verbraucher, Arbeitshilfen, Garantieleistungen, Beratung bei der Verarbeitung, Hilfe bei Einrichtung der Maschinen.

- *Informationsmaterial*: Produktbeschreibungen, Technische Informationen, Verarbeitungshinweise, Mustermaterial, Verkaufshilfen, Preislisten, Bestellwesen, Zahlungsmodalitäten.

Die hier aufgeführten Punkte geben einen Überblick über die zentralen Zuständigkeiten des Product Managers. Sicher sind damit nicht alle seine Aufgaben in Bezug auf das Sortiment dargestellt, sie dürften in manchen Fällen noch darüber hinaus gehen und in anderen auch darunter liegen. Wie der spezifische Aufgabenkatalog des einzelnen Product Managers tatsächlich aussieht, wird bestimmt von der Art des Unternehmens, in dem er tätig ist, und dem jeweiligen Zuschnitt der Position. Ganz generell ist aber festzustellen, dass er über wirklich alle Einzelheiten seines Produkts informiert sein muss, weil er nur so über die für seinen Job notwendige Kompetenz verfügt.

b) Der Product Manager als Kommunikator

Es liegt auf der Hand, dass ein Vertriebsstratege nur erfolgreich sein kann, wenn er über alle Einzelheiten seines Produkts bzw. Programms vollständig informiert ist. Das Wissen bei ihm allein reicht aber nicht aus. Denn er wird den gewünschten Erfolg im Markt nur erzielen, wenn *alle* am Vertriebsprozess Beteiligten über die nötigen Kenntnisse verfügen, um in jeder Lage optimal handeln zu können.

Wie geht der Product Manager bei dieser Arbeit vor? Zunächst hat er zu definieren, welche Personen innerhalb und außerhalb der Firma über Einzelheiten seines Geschäfts informiert sein müssen. An zweiter Stelle ist dann festzulegen, welche Art von Kenntnissen diese Personen bzw. Abteilungen benötigen. Nach dem somit vorliegenden Raster soll dann die laufende, individuelle Informationsvermittlung ablaufen. Bedenken soll er dabei die folgende Tatsache: Informationen, die nicht allein Zahlen und Daten betreffen, sondern Meinungen, Absichten und Ziele enthalten, lassen sich in schriftlicher Form nicht sehr überzeugend und nachhaltig an andere vermitteln.

Wenn der Product Manager die Buchhaltung über einen neuen Kundenpreis informieren will oder die Lagerverwaltung über die für die nächste Zeit von bestimmten Abnehmern geplanten Abrufe unterrichten muss, ist eine kurze schriftliche Notiz genau die richtige Informationsform. Ganz anders liegt der Fall, wenn es darum geht, den Mitarbeitern im Verkaufsaußendienst die Schwerpunkte der Produktstrategie oder Hintergrund und Absichten der neuen Werbekampagne zu erläutern. Hier wäre eine schriftliche Information – egal, ob kurz gefasst oder sehr ausführlich – das völlig falsche Medium. Denn auf diese Weise erreicht man heute niemanden mehr: Erstens, weil komplexe Sachverhalte in der Regel nicht leicht verständlich dargestellt werden können, und zweitens, weil die Empfänger derartige Mitteilungen nur oberflächlich und unvollständig lesen und ihren Inhalt daher gar nicht in der gewünschten Form aufnehmen können. Der Produkt Manager sollte sich an die Erkenntnis halten: Wenn man anderen komplexe Tatbestände verständlich machen will, muss man sie ihnen (mündlich) „verkaufen".

Die Erfahrung zeigt, dass selbst so einfach Dinge wie die Angaben in einer neu aufgelegten Preisliste Verkäufern nicht allein auf schriftlichem Weg vermittelt werden können. Denn kaum einer der Empfänger macht sich die Mühe, ein neues Zahlenwerk intensiv zu studieren und sich mit ihm wirklich auseinander zu setzen. Es ist daher auch hierbei angebracht, ein persönliches Zusammentreffen, etwa anlässlich einer Verkaufskonferenz zu nutzen, um den Aufbau, die einzelnen Positionen, das Verhältnis der Preise zueinander und andere wesentliche Einzelheiten in einem speziellen Vortrag zu erläutern. (Und auch dann werden nicht alle Außendienstmitarbeiter alle Einzelheiten verstanden und behalten haben, weil sie nicht konzentriert zuhören und sich mit dem alten Verkäuferspruch trösten: „Wenn ich dann draußen beim Kunden zu den Preisen mal eine Frage habe, rufe ich einfach beim Innendienst an. Die kennen sich immer bestens aus und helfen mir dann schon.")

3. Die effektive Produktstrategie

Die Aufgabe des Product Managers besteht darin, ein Produkt bzw. eine Produktgruppe so zu führen, dass sie im Markt nachhaltige und steigende Nachfrage findet. Um dieses Ziel zu erreichen, setzt er ein ganzes Bündel von Maßnahmen ein, die, um erfolgreich zu sein, auf einem stabilen und gut durchdachten Fundament stehen müssen. Einen Teil dieser Basis stellt die strategische Position des Produkts dar. Damit ist die Stellung gemeint, die das Produkt im Markt unter verschiedenen absatzrelevanten Gesichtspunkten einnimmt.

a) Wo stehen wir, wo wollen wir hin?

Die Arbeit an der Entwicklung der Produktstrategie beginnt am einfachsten mit der Beantwortung der folgenden Fragen:

1. Frage: Wie hat sich das Produkt in den letzten drei, fünf, zehn Jahren entwickelt?
2. Frage: Wo steht es heute?
3. Frage: Welche Position soll das Produkt in den nächsten drei, fünf, zehn Jahren einnehmen?

Die Größen, auf die diese Fragen zu beziehen sind, lauten:

- Marktposition, Marktpräsenz, Marktbedeutung.
- Stellung im Wettbewerbsvergleich.
- Produktqualität und- modernität.
- Markt- und Preisführerschaft.
- Leistungsniveau, Kompetenz.
- Produktpalette und -vielfalt.
- Produkteinschätzung durch die Kunden.

Die sorgsame Beschäftigung mit den Fragen zu diesen Gebieten vermittelt dem Product Manager ein umfassendes Bild aller wichtigen Kriterien, die für den Markterfolg heute und morgen entscheidend sind. Er soll bei dieser Arbeit möglichst unvoreingenommen und nüchtern vorgehen, um so einen möglichst objektiven Einruck zu gewinnen.

Es mag manchem Product Manager überflüssig und letztlich nutzlos erscheinen, sich mit der ersten Frage zu beschäftigen, da sie ja lediglich einen Rückblick auf alte Zeiten und längst Vergangenes gibt und damit wenig Bedeutung für die Zukunft haben dürfte. Diese Einschätzung ist keineswegs zutreffend.

Die Beschäftigung mit den verschiedenen Kriterien in der Vergangenheit zwingt zunächst dazu, sich dem jeweiligen Thema voll zuzuwenden, und allein dadurch ergibt sich schon ein gewisser Erkenntnisgewinn, der dem Analytiker in den nächsten beiden Phasen zugute kommt. Der unmittelbare Nutzen ist aber noch größer: Wer eine Situation, die einige Jahre zurück liegt, betrachtet, verfällt unwillkürlich in einen Vergleich mit der Jetztzeit, und diese Neigung verstärkt entscheidend den Analysegewinn. Dieser Tatbestand soll mit einem praktischen Beispiel erläutert werden:

Der Product Manager erforscht die ersten drei Merkmale (Marktposition, Marktpräsenz und Marktbedeutung) in den angegebenen Zeiträumen und wird dabei wahrscheinlich feststellen, dass sein Produkt auf allen drei Gebieten deutlich weniger stark präsent war als heute. Er wird dann festzustellen versuchen, auf welchem Gebiet die größte und auf welchem die geringste Veränderung eingetreten ist. Naturgemäß wird er sich anschließend fragen, welche Umstände für diese unterschiedlichen Entwicklungen maßgeblich waren und ob diese Gründe heute noch bestehen. Alle diese Analysen, Vermutungen, Feststellungen und Datenvergleiche geben ihm wesentliche Hinweise, nicht nur über die abgelaufene Entwicklung, sondern auch für die Zukunft. Daher ist die Betrachtung der Vergangenheit so hilfreich und angebracht.

In der nächsten Phase (= 2. Frage) soll festgestellt werden, wie sich die verschiedenen Merkmale heute darstellen. Der besseren Übersichtlichkeit halber kann es sinnvoll sein, diese Daten bzw. Einschätzungen in eine Matrix einzutragen und die besonders wichtigen Punkte und die noch weit unter der Wunschvorstellung liegenden Positionen entsprechend hervorzuheben.

Nach diesen Vorarbeiten hat der Product Manager ein sehr klares Bild von der Position seines Produkts im Markt und mit der Markierung der besonders negativen Positionen auch schon erste Anhaltspunkte für das notwendige Handeln. Bevor es aber dazu kommt, muss er sich Klarheit über die im Einzelnen angestrebten Ziele verschaffen. Dabei sollte er auch „Visionen“ entwickeln, sich aber überwiegend bemühen, das Realistische und Machbare im Auge zu behalten.

Entscheidende Bedeutung bei der Arbeit an der Produktstrategie kommt der Formulierung der Zielsetzung zu (= 3. Frage). Klar muss sie sein, eindeutig, logisch und schlüssig. Die angestrebten Ergebnisse müssen grundsätzlich erreichbar sein und möglichst keinen zu großen Aufwand erfordern. Die Ziele sollen mehr durch zielgerichtetes, konsequentes Handeln als durch die Ausgabe riesiger Summen für Aktionen aller Art erzielt werden.

Die grundsätzlichen Fragen für die Formulierung der Produktstrategie

- Welches generelle Ziel wollen wir erreichen?
- Wo sind uns Steigerungen nicht so wichtig, wo besonders wichtig?
- Auf welchen Sektoren wollen wir „Erste Klasse“ sein?
- Warum wollen wir uns gerade auf diesen Gebieten überdurchschnittlich gut aufstellen?
- Wie möchten wir uns in den nächsten Jahren im Markt darstellen und angesehen werden?
- Welche Vorteile versprechen wir uns von der Erreichung dieser Ziele?
- Verfügen wir über die finanziellen und personellen Mittel, um die notwendigen Handlungen durchzuführen?

Es ist ganz selbstverständlich, dass verschiedene der hier aufgeführten Punkte eng mit den Imagezielen der gesamten Firma zusammenhängen bzw. diese berühren. Der Product Manager soll diesen Gesichtspunkt berücksichtigen und sich bei seinen Arbeiten bewusst an den übergeordneten Begriffen orientieren sowie versuchen, ihnen so weit wie möglich zu folgen. Zur eigenen Begriffsklärung kann es sogar sinnvoll sein, dass er mit dem höchsten PR-Manager der Firma in persönlichen Kontakt tritt, um mit ihm die Produktstrategie abzustimmen.

Besteht Klarheit über die Ziele, muss der Product Manager über Methoden und Mittel nachdenken, mit denen diese in die Wirklichkeit umgesetzt werden können. Dabei sollte er berücksichtigen, dass in aller Regel Aktionen sowohl innerhalb wie außerhalb des Unternehmens unternommen werden müssen. Denn die Strategie zielt auf eine im Firmensinne möglichst attraktive Stellung seines Produkts. Dazu bedarf es letztlich aktiver Kommunikation mit dem Markt, zunächst aber müssen die Hausaufgaben gemacht werden. Denn wenn intern alles unverändert bleibt, erreicht man auch mit exzessivem Werbe- und PR-Aufwand nicht den angestrebten Wandel in der Produkteinschätzung durch Kunden und Wettbewerber.

b) Notwendige interne Maßnahmen

Als erste Maßnahme muss der Product Manager die schwierige Aufgabe übernehmen, den „Standort" seines Erzeugnisses klar zu formulieren, d.h. er muss entscheiden, welche Stellung sein Produkt im Unternehmen und im Markt einnehmen, über welche eigenständigen Merkmale es verfügen und wie es bei den Abnehmern anerkannt werden soll. Dabei soll er sich vor Lässigkeit hüten und nicht etwa formulieren „Wir sind *der Mercedes* unter den X-Produkten." Diese Aussage wird zwar verstanden, ist aber viel zu unpräzise. Aber auch das Gegenteil ist unangebracht: Mit hochtönenden, möglichst amerikanisch untermischten Sätzen Platitüden zu produzieren, wie „Wir sind global die number one im High Tech der X-Produkte." Vielmehr soll er möglichst nüchtern vorgehen und versuchen, in klaren und verständlichen Worten eindeutige Formulierungen zu finden.

Auf folgenden Gebieten können besondere *Produktmerkmale* definiert werden:

- Anwendbarkeit, Ergiebigkeit, Handhabbarkeit.
- Produktvielfalt, Reparaturfreundlichkeit.

- Kompatibilität mit anderen Produkten/Geräten.
- Modernität, Qualität, Umweltfreundlichkeit.
- Anwenderfreundlichkeit, einfache Bedienbarkeit.

In der zweiten Phase soll der Product Manager dann analysieren, wie sein Produkt bzw. seine Produktgruppe intern geführt wird. Damit ist gemeint, dass er alle Merkmale untersucht, die mit seinem Erzeugnis in Zusammenhang stehen und sehr kritisch klären, ob und wo Veränderungen, d.h. Verbesserungen nötig sind. Hierbei helfen ihm die folgenden Fragen:

1. Ist das Äußere des Produkts der Zielsetzung entsprechend gestaltet? Kann es optisch, farblich, strukturell verbessert werden?
2. Entspricht die Verpackung in allen Punkten den Anforderungen?
3. Befinden sich die Unterlagen zum Produkt (Anwendung, Installation, Lagerung, Entsorgung) auf neuestem Stand? Sind sie absolut zutreffend und verständlich? Ist ihr Äußeres ansprechend, sind die Texte anwenderfreundlich abgefasst?
4. Fehlen irgendwelche Informationen, die Erwerber des Produkts bei Einsatz, Verwendung, Verbrauch benötigen könnten?
5. Ist die Produktfamilie klar und auch für Außenstehende überzeugend gegliedert?
6. Sind die Verkaufspreise der Qualität und dem Leistungsvermögen der Produkte angepasst und Abnehmern einleuchtend?

Der Product Manager soll keine Mühe und Arbeit scheuen, auf dem hier dargestellten Gebiet „Rund um das Produkt“ alle möglichen Verbesserungen festzustellen und sie planmäßig und konsequent zu realisieren. Oft braucht er dazu Hartnäckigkeit und Überzeugungskraft, weil besonders die kleinen Modifikationen den Mitarbeitern, die sie durchführen sollen, nicht einleuchten und daher nur widerwillig angegangen werden. Der Produktverantwortliche soll sich aber davon nicht beeindrucken lassen, sondern zielstrebig daran arbeiten, das Produkt seiner Strategie entsprechend auszurichten.

Nicht immer dürfte es ausreichend sein, allein die Äußerlichkeiten des Produkts zu verbessern, um damit eine anspruchsvolle Strategie realisieren zu können. Eine unvollständige Produktpalette oder gravierende Mängel eines bestimmten Erzeugnisses lassen sich in den seltensten Fällen allein durch kosmetische Maßnahmen beheben und ins Positive wenden. In diesen Fällen muss der Product Manager aktiv werden und recherchieren, ob Möglichkeiten der Lizenzübernahme für ein neues Produkt bestehen oder seine Firma etwas zukaufen kann oder ob sich durch die Zusammenarbeit mit anderen Firmen (in Form eines Joint Venture) die eigenen Mängel beseitigen lassen.

Nach diesen beiden wichtigen Arbeitsschritten – der Definition der Produktstrategie und der Durchführung gezielter Verbesserungsmaßnahmen im Produktangebot – kommt es zum dritten Teil der internen Aktivitäten: der *Mitteilung an die Verkäufer und Techniker*. Diese Mitarbeiter spielen bei der Durchsetzung der Produktstrategie eine wesentliche Rolle, weil sie – und das gilt natürlich besonders für die Verkäufer – mit dem in Frage stehenden Erzeugnis nicht nur regelmäßig zu tun haben, sondern es auch permanent in Kundenkontakten propagieren und seine positiven Merkmale herausstreichen müssen. Um hierbei erfolgreich zu sein, müssen sich diese Mitarbeiter voll mit dem Angebot identifizieren, d.h. der Produkt Manager muss erreichen, dass die Verkäufer in ihrem Innersten vom Wert des Produkts überzeugt sind.

Der Product Manager muss daher bei der Überzeugungsarbeit dieser Mitarbeiter sehr gewissenhaft und systematisch vorgehen. Das beginnt schon mit den Überlegungen, wie der Inhalt der Strategie überhaupt übermittelt werden soll. An einer anderen Stelle dieses Buchs wurde bereits darauf hingewiesen, dass die rein schriftliche Form der Informationsvermittlung sehr große Schwächen hat und daher nicht in Frage kommen kann. Die Übermittlung so wesentlicher Aspekte des gesamten Vertriebs, bei denen Fragen auftauchen und zusätzliche Erklärungen gewünscht werden, kann nur in Form der persönlichen Übermittlung geschehen. Angebracht sind dafür

Vertreterkonferenzen oder Außendiensttagungen, da bei diesen Veranstaltungen in der Regel alle Kundenbetreuer anwesend sind und die Einrichtung des Tagungsraums optimale Mittel zur Vermittlung aller Einzelheiten der Produktstrategie zur Verfügung stellt. Die folgende Übersicht gibt Hinweise, wie die *Darstellung der Produktstrategie* ablaufen kann.

Inhalt der Präsentation „Produktstrategie X"

- Kurzer Rückblick auf das Produkt in den letzten Jahren.
- Darlegung der seither erreichten Verbesserungen.
- Zielmärkte für das Produkt in der heutigen Form.
- Leistungen und Aktivitäten des Wettbewerbs.
- Stärke und Leistungsfähigkeit unseres Produkts.
- *Ziel: Top-Position für unser Produkt heute und morgen.*

- Erläuterung des Produkts/der Produktfamilie.
- Herausarbeitung der speziellen Merkmale.
- Demonstration der Vorteile und Nutzen des Produkts.
- Vertiefung der Argumentationskette Merkmale → Vorteile → Nutzen.
- *Ziel: Top-Position für unser Produkt heute und morgen.*

- Erläuterung der spezifischen technischen/ökonomischen Besonderheiten des Produkts.
- Darlegung der Vorzüge gegenüber bereits existierenden Produkten und gegenüber Wettbewerbserzeugnissen.
- Präsentation von success stories, Testergebnissen und Referenzen.
- Verdeutlichung der Leistungsfähigkeit der eigenen Forschungs- und Entwicklungsabteilung.
- *Ziel: Top-Position für unser Produkt heute und morgen.*

- Präsentation und Erklärung der modifizierten bzw. neu geschaffenen Verkaufsunterlagen.
- Erläuterung der Struktur des Preissystems.
- Darstellung der geplanten Werbe- und PR-Maßnahmen.
- Bekanntgabe weiterer Aktionen zur Zielerreichung.
- *Ziel: Top-Position für unser Produkt heute und morgen.*

Die Präsentation der Produktstrategie auf einer Tagung eignet sich sehr gut als Startschuss für ihre Realisierung im Markt. Dabei darf nicht vergessen werden, dass weitere Aktivitäten folgen müssen, um das Konzept in den Köpfen der eigenen Mitarbeiter und vor allem bei den Kunden und Interessenten wirklich zu verankern. Wann immer sich die Möglichkeit bietet, sei es wiederum eine Verkaufskonferenz, eine Produktpräsentation oder ein Messeauftritt: der Product Manager muss jede dieser Gelegenheit wahrnehmen, um seine Strategie deutlich zu machen. Zwar möglichst in einer immer etwas abgewandelten Form, um keine Langeweile aufkommen zu lassen, aber stets mit der gleichen, unverwechselbaren Zielrichtung.

c) Nach außen gerichtete Maßnahmen

Entscheidend für die Wirkung einer Produktstrategie ist ihre Duchsetzbarkeit im Markt. Die klare Positionsbestimmung eines Produkts hat zwar schon erheblich positive Wirkung auf den eigenen Verkäuferstamm, weil die dort tätigen Mitarbeiter viel effektvoller beim Kunden auftreten können als Verkäufer mit einem Sammelsurium von unprofilierten Durchschnittserzeugnissen. Die wesentlichen, oben beschriebenen Vorzüge der Strategie ergeben sich aber erst, wenn die Produktlinie auch von den Kunden und potenziellen Abnehmern verstanden und entsprechend gewürdigt wird.

Dem Product Manager stehen verschiedenste Methoden und Mittel zur Verfügung, um die Marktteilnehmer in der gewünschten Weise zu beeinflussen. Die nachfolgende Darstellung nennt einige der möglichen Maßnahmen.

Aktivitäten zur Vermittlung der Produktstrategie an die Marktteilnehmer

- Ausrichtung aller Werbemaßnahmen auf das Produktziel.
- Kontinuierliche, zielgerichtete Öffentlichkeitsarbeit.
- Durchführung von Produktpräsentationen.
- Schulungsveranstaltungen für Kundenmitarbeiter.

- Vermittlung positiver Testergebnisse an die Kunden.
- Veröffentlichungen durch neutrale Forschungsstellen.
- Einschaltung von Meinungsbildern.

Neben diesen gezielt vom Product Manager veranlassten Aktionen tragen natürlich auch die Verkäufer und die in Kundenunternehmen tätigen Techniker stark dazu bei, die Produktstrategie zu verbreiten und durchzusetzen. Deshalb muss bei ihnen immer wieder für Auffrischung und Verstärkung der Argumente gesorgt werden.

4. Die Definition des Marktes

Product Management wird definiert als aktive, zielgerichtete Förderung eines Produkts, so dass es möglichst viele Abnehmer findet und ein stabiles, ansteigendes Verkaufsvolumen erzielt. Um hierbei erfolgreich zu sein, müssen zwei grundlegende Fragen eindeutig geklärt sein:

1. Was ist das Produkt?
2. Wer sind die Abnehmer?

Solange diese beiden Punkte nicht völlig klar sind, kann der Vertrieb nicht effektiv gesteuert werden. Denn um diese beiden Punkte dreht sich letztlich alles.

a) An wen verkaufen wir eigentlich?

Wenn nicht genau klar ist, wie sich das Verkaufsprogramm bis in die Einzelheiten zusammensetzt, werden viele Aktionen des Product Managers ohne große Wirkung bleiben, weil sie keine klaren Botschaften vermitteln können. Ähnlich verhält es sich mit dem Markt, das heißt den Abnehmern. Wenn diese Personen oder Unternehmen oder Institutionen nicht äußerst präzise definiert werden, lassen sich auch keine zielgerichteten Aktionen durchführen. Statt dessen sind dann nur pauschale, breit gestreute Maßnahmen möglich, die wenig Wirkung haben und bei denen naturgemäß viel Verlust entsteht.

Das Thema „Definition des Angebots“ wurde weiter oben schon behandelt. Im Folgenden geht es nun um den Begriff „Markt“.

Bei der Bestimmung dieses Begriffs soll der Product Manager in der ersten Phase, aufbauend auf seiner Produktstrategie, die spezifischen *Produkteigenschaften* untersuchen und dann festlegen, welche *Ergebnisse* damit ganz generell bei Anwendern/Verarbeitern/Verbrauchern jeder nur denkbaren Art erzielt werden können. Daraus ergeben sich die Personen/Gruppen/Unternehmen, die den Markt für das Produkt bilden. Um den recht abstrakten Begriff „Markt“ noch anschaulicher und griffiger zu machen, kann man auch sagen: Unser Markt sind Abnehmer mit den folgenden übereinstimmenden Merkmalen: 1., 2., 3., usw.....“

Zur stärkeren Präzisierung der so gewonnenen Daten ist es sinnvoll, sich auch Gedanken über den „Nicht-Markt“ zu machen. Damit ist gemeint, dass der Product Manager sich Klarheit verschafft, welche ähnlich strukturierten potenziellen Abnehmer aus bestimmten – exakt benannten – Gründen *nicht* seinen Markt darstellen. Durch dieses Verfahren werden die Kriterien seiner Marktbestimmung durch die Abgrenzung von den nicht geeigneten Marktpartnern noch einmal kritisch überprüft und dadurch bestätigt und erhärtet.

Es ist sehr empfehlenswert, bei der Marktbestimmung äußerst unvoreingenommen vorzugehen und ganz nüchtern die Fakten und Daten zu analysieren, ohne sich von späteren, möglichen Realisierungsproblemen beeinflussen zu lassen. Denn zunächst geht es nur darum, sich ein objektives Bild vom Markt zu machen – wie an die so gefundenen potenziellen Abnehmer dann in der Praxis heranzukommen ist, ist eine ganz andere Frage, die erst später angegangen werden soll. Dieser Hinweis, völlig sachlich und unbefangen an die Abnehmerbestimmung zu gehen, sollte nicht in den Wind geschlagen werden. Denn die Erfahrung zeigt, dass selbst schlaue Marketingleute, etwa bei einem Brainstorming, reale Marktpartner von vornherein ausschließen, „weil wir die doch sowieso nie erreichen können“.

Bei der Definition des Marktes ist noch zu berücksichtigen, dass Produkte vielfach nicht direkt vom Hersteller zum Verbraucher gelangen, sondern ihren Weg dorthin über Importeur und Groß- und Einzelhändler finden. In diesen Fällen hat es der Product Manager mit mehreren Märkten zu tun, die alle in seine Absatzaktivitäten einzubeziehen sind.

Mit dem Begriff „Markt“ bezeichnet man alle Personen, Firmen, Institutionen usw., die über bestimmte Merkmale verfügen, welche sich auf ihre Bedürfnisse auswirken und sie damit zu potenziellen Abnehmern von Produkten bzw. Dienstleistungen machen. Die Kriterien für die Marktdefinition können ganz unterschiedlich sein, und oft fallen mehrere von ihnen zusammen.

Märkte werden definiert nach

- *Demographischen Merkmalen*: Alter, Geschlecht, Beruf, Wohnort;
- *geographischen Kriterien*: Staat, Land, Region, Stadt, Stadtteil;
- *psychographischen Kennzeichen*: Lebensstil, Persönlichkeit, soziale Schicht;
- *Nutzung von bestimmten Produkten*: Gelegenheit, Status des Benutzers;
- *Häufigkeit des Konsums*: Verbraucher kaufen oft, regelmäßig oder selten;
- *Organisationstypen der Abnehmer*: industriell, staatlich, landwirtschaftlich;
- *Produktionsvoraussetzungen*: Rohstoffe, Einrichtungen, Dienstleistungen;
- *Größe und Status der Abnehmer*: konzerngebundene Firmen, selbstständige Unternehmer, im Verbund tätige Gesellschaften;
- *technischer Kapazität der Abnehmer*: Einrichtungen, Leistungsvermögen, Anspruchsniveau
- *Funktion der Abnehmer*: Verarbeitung, Verbrauch, Handel.

Neben der Bestimmung des Marktes durch Definition der übereinstimmenden Abnehmermerkmale ist natürlich auch die räumliche Größe ein wesentliches Kriterium. Product Management bedeutet aktives Verkaufen; da reicht es nicht, Klarheit über die Personen und Firmen zu besitzen, an die sich das

Angebot richtet. Ebenso wichtig ist die Definition des geographischen Raumes, in dem der aktive Vertrieb stattfinden soll. Denn würde diese Größenordnung ausbleiben, könnten viele Maßnahmen der Kundenbearbeitung nicht mit der angestrebten Intensität durchgeführt werden, weil sie nicht genau lokalisiert werden können.

b) Vorgehensweise bei der Marktbestimmung

Im Folgenden ist ein Schema dargestellt, das dem Product Manager hilft, sich Klarheit über seinen Markt zu verschaffen.

Die potenziellen Verbraucher/Verwender/Verarbeiter unserer Produkte führen folgende Tätigkeit(en) aus: ....

....

....

Sie verfügen über spezielle Einrichtungen (Maschinen, Anlagen, Know how u. a.) für die Durchführung ihrer Geschäfte:

....

....

Das Ziel ihrer Tätigkeit ist: ....

....

Sie beziehen die Produkte, die sie auch von uns beziehen könnten, bisher aus folgenden Quellen: ....

....

Sie verlangen von Lieferanten die Einhaltung bestimmter Kriterien, Qualitätsmerkmale usw., z.B. ....

....

Sie benötigen teilweise individuelle Produkte teilweise Standardprodukte zur Lösung ihres speziellen Bedarfs: ....

....

....

Anteil individuelle Produkte ca. :...%
Anteil Standardprodukte ca. ....%

Die Größe und Bedeutung der potenziellen Abnehmer ist sehr unterschiedlich. In Deutschland setzt sich der gesamte Abnehmermarkt etwa folgendermaßen zusammen:

.....% machen bis....... Euro Umsatz/Anzahl........ /Anderes........
.....% machen bis....... Euro Umsatz/Anzahl........ /Anderes........
.....% machen bis....... Euro Umsatz/Anzahl........ /Anderes........

oder

.....% verfügen über ....(Anzahl).......................(Einrichtung)
.....% verfügen über ....(Anzahl).......................(Einrichtung)
.....% verfügen über ....(Anzahl).......................(Einrichtung)

oder

.....% verfügen über ....(Anzahl)........................ (Anderes)
.....% verfügen über ....(Anzahl)........................ (Anderes)
.....% verfügen über ....(Anzahl)........................ (Anderes)

Sie haben in ihrem Markt vor allem mit folgenden Problemen zu kämpfen: ....
....

Sie sind für unsere Produkte als Abnehmer besonders geeignet, weil sie damit ....
....

c) Das Absatzgebiet regional definieren

Offensichtlich bereitet es vielen Vertriebsorganisationen Schwierigkeiten, die Frage des regionalen Marktes klar zu beantworten. Fragt man einen Product Manager nach der tatsächlichen Marktgröße, erhält man zum Beispiel zur Antwort: „Doch, natürlich, wir verkaufen auch nach Belgien." Und auf die Nachfrage, nach welchem Verkaufskonzept dieses Land bearbeitet wird, erfolgt dann häufig nur ein Achselzucken. Die Entscheidung über den Raum des aktiven Verkaufens ist nicht leicht zu treffen, vor allem im zusammenwachsenden Europa. Ihr kann aber nicht aus dem Weg gegangen werden, weil sonst – wie dargestellt – ein wesentliches Merkmal fehlt.

Vielen Vertriebschefs fällt es schwer, den räumlichen Rahmen der Verkaufstätigkeit genau zu bestimmen. Welche Fragen dabei entstehen können, soll an einem Beispiel aus der Braubranche erläutert werden. Für die kleine Regionalbrauerei wird diese Frage leicht beantwortet: Ihr Markt ist begrenzt durch das Gebiet „rund um den Schornstein", aber sicher gibt es auch in diesen Firmen Vertriebsleute, die mit den nächsten Großstädten liebäugeln und von dort zu erzielenden zusätzlichen Hektolitern träumen. Ein größerer Bierhersteller wird bereits ein ganzes Bundesland und Gebiete darüber hinaus zu seinem Markt erklären, und dabei auch schon mal an Wien oder Brüssel gedacht haben, wo interessante weitere Absatzmöglichkeiten bestehen. Und eine bereits bundesweit präsente Marke wird weite Teile Europas und Gebiete in Übersee für sich als Absatzmarkt reklamieren – und dennoch mit dem Erreichten nicht zufrieden sein und weitere Expansion anstreben.

Die regionale Frage wird von vielen deutschen Unternehmen immer noch recht nachlässig und konzeptionslos behandelt. Da hat mancher aus alten Zeiten einen Repräsentanten in England und zählt dieses Land demnach heute zu seinem Markt. Im Sinne des Product Managements müsste das heißen, dass dieser Raum aktiv als Absatzgebiet bearbeitet wird, was aber in den seltensten Fällen wirklich zutrifft. Ein anderer Firmenchef hat mehr Neigung ins Nordeuropäische und trägt sich daher mit der Absicht, in Kopenhagen oder Stockholm eine Vertretung aufzubauen. Was dann mit halbem Herzen angegangen und nie konsequent zu einer befriedigenden Lösung geführt wird.

Es würde hier zu weit führen, die Chancen und notwendigen Maßnahmen im Ausland, und sei es zunächst wenigstens im EURO-Raum, genauer zu beschreiben und Empfehlungen für die Erschließung dieser Märkte auszusprechen. Dem Product Manager sei aber dennoch geraten, über diese Frage in Zukunft intensiver nachzudenken, weil die EU seit langem *ein* Markt ist, dessen Potenzial er langfristig nicht vernachlässigen darf.

5. Errichtung eines wirksamen Distributionssystems

Nach Ansicht vieler Fachleute gehört die Distribution zu einem der Grundpfeiler des Marketing, wie es schon im Kapitel „Marketing Mix" erwähnt wurde.

a) Distribution - eine amerikanische Spezialität?

Die Begriffe Marketing und Product Management, die heute in allen marktwirtschaftlich strukturierten Ländern verwendet werden, kommen aus den USA, und daher sind die Vorstellungen und Aktivitäten, die damit verbunden werden, auf die Marktbedingungen in Nordamerika bezogen. Diese Tatsache hat keine größere Bedeutung, da die Prozesse auf den Märkten in allen Ländern der Welt ganz ähnlich ablaufen wie in den Vereinigten Staaten: Produkte werden hergestellt, Kunden werden gesucht, Wettbewerb taucht auf, Preise werden verhandelt, Kaufabschlüsse getätigt usw. Und überall, wo freier Wettbewerb herrscht, dreht es sich dabei immer wieder um die vier P des Marketing Mix: Um das Produkt, den Preis, die Promotion und den „Place", womit die Absatzorganisation bzw. die Distribution gemeint ist.

Sicher ist es zutreffend, dass die in den USA geborene Vorstellung der vier P ihre Berechtigung hat, es fragt sich aber, ob nicht der letzte Punkt außerhalb des Riesenlandes Vereinigte Staaten etwas anders einzuschätzen ist. Gemeint ist ganz konkret: Das Produkt, der Preis und die Promotion bilden ohne Zweifel *die Grundlagen* des Handelns in der Marktwirtschaft. Aber zählt dazu in gleicher Weise die Distribution?

Die Wichtigkeit des Warenvertriebssystems hängt eindeutig mit der Größe des regionalen Marktes zusammen. Man denke nur an einen Hersteller etwa in Luxemburg oder in den USA, der vom Geschäft mit den Einwohnern seines Landes lebt. Im ersten Fall kann die Frage, wie die Ware vom Lieferanten zum Kunden gelangt, völlig vernachlässigt werden, da die Entfernungen selbst im extremsten Fall nicht über 50 km liegen können. Ganz anders dagegen in einem Land, das sich über mehrere tausend Kilometer erstreckt: Hier bereiten die Warenlenkung, das Erreichen der Kunden und deren fristgerechte Belieferung ganz erhebliche Probleme, allein weil die Versorgung aus einer einzigen Stelle schon aus Kosten- und Zeitgründen nicht effizient sein dürfte. Insofern ist zu verstehen, dass dieser Punkt in Amerika große Bedeutung hat, während er in Europa, solange die nationalen Märkte die dominierende Rolle spielen, weniger interessant ist.

b) Kundenzufriedenheit durch perfekte Belieferung

Dennoch muss sich der Product Manager mit der Distribution beschäftigen, weil sie das Verhältnis zu den Abnehmern berührt und weil auch hier nie für alle Zeiten optimale Bedingungen herrschen. Dazu sollte er die folgenden Punkte analysieren.

Checkliste zur Optimierung des Distributionssystems

- Erhalten alle Kunden die Waren in kürzester Zeit?
- Funktioniert das System Bestellung-Bearbeitung-Auslieferung-Eintreffen beim Kunden?
- Bei Direktbelieferung:
  - Könnte die Einschaltung des Handels Vorteile bringen?
  - Welche? Mit welchem Mehraufwand?
  - Welche Art Händler wäre einzuschalten?
  - In welchen Gebieten?
  - Welche Anzahl Händler? Welche Qualifikation?
- Bei Belieferung über den Handel:
  - Könnte die Direktbelieferung Vorteile bringen? Welche? Mit welchem Mehraufwand?
  - Arbeiten alle Händler engagiert und effektiv?
  - Was tun die Händler zur Förderung unserer Produkte?
  - Wie lässt sich ihre Effizienz steigern?
- Können die Kunden über das Internet bestellen?
  - Wie intensiv wird dieses Medium genutzt?
  - Ist Ausbau oder Reduzierung sinnvoll?
- Wie äußern sich die Kunden zum Distributionssystem?

- Über welches Distributionssystem verfügen die wesentlichen Wettbewerber?
  - Ist der Wettbewerb effektiver? Aus welchen Gründen?
  - Können wir das System der Mitanbieter übernehmen?

Schon anhand dieser kurzen Checkliste erkennt der Product Manager, dass auch auf dem Gebiet der Distribution Verbesserungsmöglichkeiten bestehen, die er zum Nutzen der Absatzförderung immer wieder aktiv angehen soll.

6. Interesse am Produkt erzeugen

Ein Product Manager ist nur erfolgreich, wenn er auf verschiedenen Gebieten effektive Arbeit leistet. Sei es die Produktentwicklung oder die Marktforschung, die Analyse der Mitanbieter oder die Entwicklung einer Produktstrategie – alle diese Maßnahmen sind wesentlich für die erfolgreiche Führung eines Produkts. Bei diesen Tätigkeiten darf er aber seine hauptsächlichen Aufgaben – die, für die er als Product Manager eingestellt wurde – nicht aus den Augen verlieren: Abnehmer für ein bestimmtes Erzeugnis zu finden, diese lange als Kunden zu erhalten und ihre Zahl möglichst kontinuierlich zu vergrößern. Daher muss der Product Manager einen großen Teil seiner Zeit und Kraft auch dem direkten Kontakt mit den Abnehmern widmen und Maßnahmen entwickeln und durchführen, mit denen die primären Vertriebsziele erreicht werden.

Die wesentlichen Vertriebsziele lauten:

1. Umsatzvolumen mit bestehenden Kunden halten, festigen, und ausweiten.
2. Zusätzliche Umsätze mit neuen Kunden schaffen.

An anderer Stelle des Buches wurden schon die unterschiedlichen Tätigkeiten des Verkaufs und des Product Managements dargestellt. Es erscheint sinnvoll, hier noch einmal kurz auf diese Gegenüberstellung einzugehen: Der Product Manager ist der Vordenker, der Verkaufskonzepte und -strategien entwirft. Er soll bei allen seinen Arbeiten den kaufenden Kunden nie aus den Augen verlieren, weil sich letztlich alles um diese Person dreht. Andererseits liegt die direkte Arbeit mit dem Abnehmer, das Verhandeln, Beraten und Verkaufen nicht beim Product Manager, sondern ist Sache der Verkaufsmannschaft.

a) Die Erforschung der Kundenerwartungen

Im Gegensatz zur Ansicht vieler Verkäufer, dass heute bei Kaufentscheidungen der Preis die entscheidende Rolle spiele, sind es nach wie vor vielfältige Motive mit unterschiedlichem Gewicht, die beim Kunden die Kaufneigung beeinflussen.

Es ist die Aufgabe des Product Managers, diese Motive zu erforschen und für sich nutzbar zu machen. Seine Aufgabe besteht dabei in drei grundsätzlichen Schritten. Kunden zum Kauf der eigene Produkte zu bewegen erfordert:

1. *Erforschung der Motive*, die bei den Abnehmern im Beschaffungsbereich maßgebend sind: Warum kaufen die Kunden bestimmte Produkte, welche Motive sind dafür maßgebend, welche Vorteile wollen sie realisieren?

2. *Darstellung des Produkts* in einer Weise, dass es die Kundenbedürfnisse befriedigt: Welche Merkmale muss es haben, wie muss es anwendbar/verarbeitbar sein, wie muss es angeliefert werden?

3. *Entwicklung eines Kommunikationssystems*, mit dem die Produktbotschaft den Kunden vermittelt wird: Mit welchen Medien und Methoden sind die Abnehmer zu erreichen, in welcher Form muss das Produkt präsentiert werden, wie wird die Problemlösung optimal vermittelt?

An späterer Stelle wird dargestellt, wie der Product Manager die Punkte 1 und 2 bewältigt. In diesem Kapitel geht es darum, wie er vorgehen soll, um an die Abnehmer – bestehende wie neue – heranzukommen und bei ihnen den Wunsch nach Erwerb seiner Produkte zu erzeugen.

b) Das weite Feld der Werbung

Die am längsten und am besten bekannte Form der Vermittlung einer Produktidee bzw. der sich daraus für den Abnehmer ergebenden Wirkungen ist die Werbung – in Form von Anzeigen, Plakaten, Funk- und Fernsehspots. Diese Medien spielen für den Product Manager, je nachdem, in welcher Branche er tätig ist, eine höchst unterschiedliche Rolle. In der Investitionsgüterindustrie zum Beispiel haben sie wenig Gewicht, während sie bei Massen- und Konsumartikeln von größter Bedeutung sind und dort im Alltag des Product Managements breiten Raum einnehmen.

Über das Gebiet der Werbung gibt es eine höchst umfangreiche Literatur, die hier keinesfalls dargestellt werden soll. Insoweit muss jeder Product Manager das seiner Branche entsprechende spezielle Know-how besitzen oder erwerben. Bei allen Überlegungen zur Werbung soll er immer im Auge behalten: Gute Werbung kostet viel Geld, und ob sie wirklich positive Wirkung hat, ist oft höchst ungewiss.

c) Messen und Ausstellungen als Werbeveranstaltungen

Die Präsentation der Produkte vor einem größeren Publikum ist in vielfacher Hinsicht vorteilhaft und stellt sicher auch immer einen erheblichen Werbeeffekt dar. Allerdings ist zu berücksichtigen, dass die Messe in letzter Zeit einiges von ihrem Glanz verloren hat und sich viele Firmen heute fragen, ob der erhebliche Aufwand den angestrebten Nutzen noch wert ist.

Schon seit mehreren Jahren fragen sich viele ausstellende Unternehmer, ob es sinnvoll ist, weiterhin Messetermine als quasi obligatorische Daten hinzunehmen und ihnen mit dem üblichen Aufwand zu folgen. Denn es sind vielfach Zweifel aufgekommen, ob diese Institution in der bisher praktizierten Form überhaupt noch in die Zeit passt, ob wirklich die erwarteten Ergebnisse erzielt werden und ob letztlich die Kosten nicht doch unvertretbar hoch sind. Gerade der letzte Punkt gibt zunehmend zu denken: Was früher einmal eine auf das Wesentliche bezogene Produktdarstellung war, ist in den letzten Jahren mehr und mehr zu einer „Show“ verkommen, in der den Besuchern mit allerlei Äußerlichkeiten Eindruck gemacht werden soll. Hinzu kommt, dass in vielen Industriezweigen die Entwicklung gar nicht so rasant ist, dass alle ein bis zwei Jahre Neuerungen verfügbar sind, die bei den Nachfragern wirklich auf Interesse stoßen. Welche Überlegungen soll der Product Manager also anstellen, um zu entscheiden, wie er in Zukunft mit dem Medium „Messe“ umgehen soll? Lassen sich durch Messen wirklich Kunden finden und binden?

Grundsätzlich ist die Fachmesse ein ideales Medium, Produktneuheiten vorzustellen. Denn hier trifft der Anbieter genau seine Zielpersonen, d.h. die Leute, für die sein Angebot gemacht ist, die dafür Bedarf haben und die die speziellen Eigenschaften des Erzeugnisses bestens einschätzen und würdigen können. Aus diesem Grund müssten Messen eigentlich von allen Herstellern von Produkten und Leistungen permanent und intensiv genutzt werden. Warum kommen dennoch manchem Product Manager Bedenken und warum zieht er die Wirksamkeit der Messe in Zweifel, wenn er sich damit beschäftigt, Kunden zu binden und neue zu finden? Aus einem einfachen Grund: Weil Messen ungeeignete Orte für Verkaufsgespräche sind.

Viele Unternehmen haben erkannt, dass wirklich neue und später auch ertragreiche Geschäftsbeziehungen auf den großen Messen nur begrenzt herzustellen sind. Sie nehmen aber weiter daran teil, weil sie schädlichen Imageverlust befürchten, wenn es in der Branche und Presse plötzlich heißen würde: „Firma X hat erstmals nicht mehr auf der ABC-Messe ausgestellt.“ Um die unerwünschte Weitergabe von Einzelheiten über neue Entwicklungen an den Wettbewerb zu verhindern, zeigen sie sich lediglich mit einer Art Repräsentationsstand, der keinerlei Informationen liefert, aber dokumentiert, dass das Unternehmen unvermindert aktiv im Markt tätig ist.

Unter dem permanenten Wettbewerbsdruck müssen die Unternehmen alles in Bewegung setzen, um ihre Kunden zufrieden zu stellen und neue Abnehmer zu gewinnen. Aus den erwähnten Gründen trägt die Teilnahme an Messen in vielen Industriezweigen heute wenig dazu bei. Sicher lassen sich hier zum Teil beträchtliche Summen einsparen, die sich für andere Marketing-Maßnahmen mit mehr Effekt einsetzen lassen.

d) Die nachlassende Wirkung klassischer Werbemethoden

Der Product Manager, der nicht mit Konsumartikeln oder anderen Massenprodukten zu tun hat, steht vor der Frage, wie er den Absatz seines Produkts mit gezielten Werbemaßnahmen wirksam unterstützen kann. Bei klarer Analyse des weiter oben aufgeführten Punktes, wie er überhaupt an seine Abnehmer herankommen soll, stellt er fest, dass es dafür nur wenige Wege gibt.

Werbung über die klassischen Medien scheidet aus, da infolge des Streuverlustes die Kosten in gar keinem Verhältnis zu den Kontakten stehen und dazu noch äußerst fraglich ist, ob ein Medium wie z.B. eine Tageszeitung oder eine Illustrierte überhaupt geeignet ist, für ein sehr spezifisches Produkt als Werbeträger zu dienen. Denn der damit vielleicht tatsächlich erreichte potenzielle Abnehmer wird die Botschaft wahrscheinlich gar nicht ernst nehmen, da sie ihm in einem völlig inadäquaten Umfeld präsentiert wird.

Auch Anzeigen- oder Beilagenwerbung in Fachzeitschriften dürfte heute ohne nennenswerten Erfolg bleiben, da diese Blätter immer weniger wirklich gelesen werden und der darin enthaltenen Werbung vom Leser oft nicht mal ein sekundenlanger Blick geschenkt wird.

Zwar kann man noch immer davon ausgehen, dass ein Messestand durchaus auch werblichen Effekt hat. Aber das ist eher eine Randerscheinung. Die „Messe“ als wesentlichen Werbeträger einzusetzen, erscheint allein aus zwei Gründen unangebracht: Erstens finden derartige Veranstaltungen viel zu selten statt und zweitens sind die Kosten viel zu hoch im Vergleich zur Wirkung.

Der Product Manager wird seine bestehenden und potenziellen Kunden auch auf Fachtagungen und Pressekonferenzen antreffen. Es ist daher angebracht, auch diese Veranstaltungen zu nutzen, um gezielt für die Produkte zu werden. Die Möglichkeiten dazu sind aber in aller Regel recht begrenzt. Mehr als die Präsentation des Produktnamens auf Wandtafeln und Schreibblocks ist meistens nicht möglich, und damit ist die Wirkung auch entsprechend schwach. Diese Veranstaltungen können daher nicht als Medien wirkungsvoller Werbetätigkeit angesehen werden.

e) Direktansprache potenzieller Abnehmer

Die effektivste Methode, den heute mit Werbung überschütteten Menschen noch etwas nahe zu bringen, ist ihre direkte Ansprache. Diese Erkenntnis teilen viele Zeitgenossen, und das Wort „Mailing“ oder „Direct Mail“ ist daher auch in aller Munde. Viele der unter diesem Begriff in die Wege geleiteten Maßnahmen verdienen aber nicht die Bezeichnung „Mailing“, weil die Texte schludrig abgefasst sind und der Versand unprofessionell abgewickelt wird. Die folgende Darstellung gilbt Hinweise für das planmäßige Vorgehen bei der Entwicklung und Ausführung einer Mailingaktion.

Werbekonzeption Direct Mail

Vorbereitung der Maßnahmen

1. Festlegung des Marktsegments
2. Adressenbeschaffung
3. Definition der Zielpersonen
4. Überprüfung der Adressen
5. Feststellung des Namens der Zielperson (telefonisch)

Konzeption des Werbeschreibens

1 Definition spezifischer Eigenschaften des Produkts
2. Formulierung des Kundennutzens
3. Darlegung entsprechender Kundenprobleme
4. Anführung der Lösungsmöglichkeit
5. Angebot, Produkt kennen zu lernen
6. Konkrete Punkte zum Ankreuzen

Ausführung der Maßnahmen

1. Festlegung des Zeitrahmens für mehrere Aktionen
2. Definition des Themas der jeweiligen Aktion
3. Formulierung der Schreiben
4. Versand der Werbebriefe
5. Nacharbeit (telefonisch und persönlich)

Auch beim Medium „Mailing“ darf ein entscheidender Gesichtspunkt der Werbung nicht außer Acht bleiben: Nur durch Wiederholung ist Wirkung zu erzielen. Der Product Manager soll diese Erkenntnis nutzen und bei allen Aktionen von vornherein berücksichtigen, d. h. er soll bei dieser Arbeit planmäßig und konsequent vorgehen und sich keinesfalls von Spontaneinfällen leiten lassen. Er soll zumindest einen *Jahresplan* ausarbeiten und darin die folgenden zehn Punkte verbindlich festlegen:

1. Ausgewählte Industriezweige/Branchen/Marktsegmente.
2. Zielpersonen.
3. Werbung für die Produkte X, Y, und Z.
4. Aufhänger/Nutzen/Schwerpunkte der Mailings.
5. Texttermine.
6. Versandtermine.
7. Termine für Nacharbeit.
8. Verantwortliche Personen für Nacharbeit.
9. Termin Ergebnisbesprechung.
10. Teilnehmer Ergebnisbesprechung.

Infolge der übermächtigen Anwesenheit von Werbung in allen Bereichen des privaten und geschäftlichen Lebens werden mehr und mehr Stimmen laut, die behaupten, dass die anvisierten Zielgruppen immer schlechter erreicht und immer weniger mit der Werbebotschaft beeinflusst werden können. Die Erfahrung zeigt aber, dass auch in der heutigen Zeit mit planmäßig und professionell organisierten Mailing-Aktionen für ein Produkt effektvoll geworben werden kann. Was für den Erfolg dabei unerlässlich ist: Klare Worte, verständliche Aussagen, präzise, direkte und persönliche Vermittlung an die wesentlichen Personen und genau terminierte, konsequente Nacharbeit.

7. Steigerung der Wirksamkeit des Verkaufsaußendienstes

Ein Unternehmen kann auf verschiedene Weise mit seinen Abnehmern kommunizieren, um Waren zu verkaufen. Die zweifellos wirksamste Methode ist der Einsatz von Verkäufern, die im persönlichen Gespräch mit dem Kunden argumentieren, ihn überzeugen und schließlich Abschlüsse erzielen. Die Einrichtung einer Gruppe von Außendienstmitarbeitern ist heutzutage aber nicht leicht zu realisieren und vor allem eine kostspielige Angelegenheit. Denn gute Verkäufer sind schwer zu finden und sie verlangen hohe Gehälter. Dazu kommen die Kosten für Reisen, Übernachtungen und Spesen, für das Firmenauto usw. Außerdem sind diese Mitarbeiter mit Verkaufsunterlagen und Mustern auszustatten, sie müssen geschult werden, Seminare besuchen und mit weiteren Maßnahmen zu echten Profis herangebildet werden. Insgesamt entstehen so Aufwendungen, die pro Jahr oft in die Hunderttausende gehen. Es liegt auf der Hand, dass alles getan werden muss, um diesen teuren Apparat so effektiv wie möglich zu machen.

In erster Linie ist es Aufgabe der Verkaufsleitung, dafür Sorge zu tragen, dass die Verkaufsmannschaft effektiv arbeitet, d.h. die zur Verfügung stehende Zeit optimal nutzt und bei den Kundenkontakten zählbare Ergebnisse erzielt. Daneben hat aber auch der Product Manager daran mitzuwirken, dass die Verkäufer erfolgreich sind.

Es wurde bereits an anderer Stelle erwähnt, dass der Product Manager die Zusammenarbeit mit dem Verkauf suchen soll, da sonst viele seiner Aktionen wirkungslos bleiben. Und natürlich ist noch aus einem anderen Grund die engste Kooperation mit dem Außendienst unumgänglich: Alle Maßnahmen des Product Managers beziehen sich auf den Markt und damit auf die Kunden, und daher ist die permanente Abstimmung mit den Verkaufsmitarbeitern zwingend notwendig.

a) Verkaufsunterlagen und Referenzen

Der Product Manager soll bei seinen Arbeiten aber nicht nur den Außendienst immer im Auge behalten und ihn bei Bedarf informieren, er muss sich auch aktiv mit ihm beschäftigen und permanent daran arbeiten, die Effektivität dieser Gruppe zu stärken und nachhaltig zu erhöhen. Hierbei kann er auf verschiedenen Sektoren zielgerichtete Aktivitäten entwickeln.

Die Unterstützung des Außendienstes durch das Product Management erfolgt durch

- Verkaufsunterlagen und Referenzen.
- Verkaufshilfen (Muster, Anwendungen usw.).
- Produkt- und Anwendungstrainings.
- Präsentationen in Kundenbetrieben.
- Kundenseminare.

Wie diese Aufstellung zeigt, gibt es für den Product Manager diverse Gebiete, auf denen er zur Steigerung der Effektivität des Außendienstes beitragen kann.

An anderer Stelle dieses Buches wurde bereits auf die Wichtigkeit gut konzipierter und professionell gestalteter Unterlagen hingewiesen, und es wurden Hinweise gegeben, wie dabei vorzugehen ist. Der Beschäftigung mit diesem Arbeitsgebiet kann der Product Manager gar nicht entgehen, weil allgemeine Übereinstimmung besteht, dass der Verkauf ohne brauchbare Unterlagen nicht aktiv werden kann und dass es Aufgabe des Product Managements ist, diese bereitzustellen. Etwas anders verhält es sich mit den im Folgenden behandelten Verkaufshilfen.

b) Verkaufshilfen, Muster, Anwendungen

Muster, Demonstrationsobjekte und Vorführmodelle gehören in vielen Fällen nicht zur klassischen Ausrüstung des Außendienstmitarbeiters, sie können seine Arbeit aber häufig sehr wirkungsvoll unterstützen. Denn sie ermöglichen es, am Arbeitsplatz des Kunden zu zeigen, wie das Produkt in praktischer Anwendung wirkt, wie damit umgegangen werden kann und welcher Nutzen aus seinem Einsatz entsteht. Auf diese Weise können die Argumente des Verkäufers nachhaltig untermauert und verstärkt werden.

So sinnvoll Vorführobjekte sein können, so schwierig sind sie oft zu realisieren. Denn zwischen der Idee und der praktischen Einsetzbarkeit besteht häufig eine große Differenz. Der Product Manager unterschätzt hier oft die Mentalität der Verkäufer: Er schafft beeindruckende Schaustücke und vergisst dabei, dass man diese auch problemlos transportieren und am Ort des Kunden präsentieren können muss. Der typische Außendienstmitarbeiter ist in dieser Hinsicht äußerst empfindlich: Er trägt nicht gern unförmige Gegenstände über Kundenflure, die dann am Arbeitsplatz seines Gesprächspartners umständlich aufzustellen sind und insgesamt Unruhe und eine unvorteilhafte Atmosphäre erzeugen. Treten dann bei der Vorführung noch Probleme auf, wird der Gegenstand schnell zum alten Eisen getan, und alle Mühe des Product Managers war umsonst. Die folgenden Ratschläge sind deshalb beherzigenswert:

Vorführmodelle und Präsentationsobjekte sollen

- leicht im Auto und zu Fuß transportierbar sein,
- ohne umständliche Vorarbeiten präsentierbar sein,
- während der Demonstration zu keinen Pannen führen,
- in ihrer Wirkung überzeugen.

c) Produkt- und Anwendungstrainings

Die Effizienz des Verkäufers kann wesentlich gesteigert werden, wenn regelmäßig in die Verbesserung seiner Produkt- und Anwendungskenntnisse investiert wird. Die Schwachstellen, die auf diesem Gebiet bestehen, werden häufig nicht erkannt, weil sich geschickte Vertreter selten eine Blöße geben und bekanntlich in ihrem Bereich zu jedem Thema etwas sagen können. So machen sie auf Außenstehende, und dazu zählen leider auch häufig die unmittelbaren Vorgesetzten, in der Regel einen rundweg guten Eindruck, und wenn sie einmal etwas nicht ganz Korrektes äußern, wird das ihrem Verkäufertemperament zugeschrieben.

Dabei ist es eine Binsenweisheit und in vielen Fällen des Lebens anzutreffen: Kein Mensch ist zu jeder Zeit mit allen

Gebieten seines Fachs hundertprozentig vertraut, und so geht es auch den Verkäufern. Spricht man mit Verkaufsleitern über diese Tatsache, wird man zu hören bekommen, dass Schulungen „von Zeit zu Zeit durchaus angebracht" sind. In den seltensten Fällen werden dabei aber konkrete Mängel erwähnt, weil sich dieser Vorgesetzte damit selbst in ein schlechtes Licht stellen würde.

Der Product Manager, der keine unmittelbare Verantwortung für die Außendienstmitarbeiter hat, kann und soll hier ganz unvoreingenommen agieren. Um wirksame Trainingsveranstaltungen konzipieren zu können, muss er mehrere nicht leichte Fragen über die Vorbereitung von Produktschulungen für Mitarbeiter klären:

1. Auf welchen Gebieten bestehen Defizite?
2. Wo liegen die Gründe für diese Mängel?
3. Welchen Inhalt müsste demnach die Schulung haben?
4. Welche Art Training dürfte die besten Ergebnisse bringen?
5. Welcher Produktspezialist ist der geeignete Trainer?

Aufschluss über die vorhandenen Mängel unter den Verkäufern gewinnt der Product Manager am besten durch den fortwährenden, engen persönlichen Kontakt. Auf gemeinsamen Kundenbesuchen, bei Diskussionen im Kollegenkreis, aber auch durch gezieltes Fragen soll er ein Bild vom Wissensstand der Mitarbeiter erwerben und ihn zur Basis von Weiterbildungsveranstaltungen machen. Dass er dabei gelegentlich mit dem Verkaufsleiter aneinander gerät, ist verständlich, soll ihn aber in seinen Aktivitäten nicht beeinträchtigen.

Trainings müssen den richtigen Inhalt haben, mindestens ebenso wichtig ist aber die fesselnde und überzeugende Vermittlung des Lehrstoffs. Hier steht der Product Manager permanent vor großen Problemen, denn der wirkliche Produktspezialist, den es in jedem Unternehmen irgendwo gibt, ist in den meisten Fällen für diesen Job nicht geeignet. Der alterfahrene Techniker, der sein eigenes Wissen demonstrieren möchte und sich dabei detailverliebt und umständlich ausdrückt, ist für die Trainingsteilnehmer eine Qual und vergrößert oft eher noch das

Unverständnis, statt Durchblick und Begreifen zu vermitteln. Wie die richtige Person zu finden ist und durch welche Maßnahmen dieses Vermittlungsproblem zu vermeiden ist, lässt sich generell nicht beantworten. Dem Product Manager wird aber dringend angeraten, die Wichtigkeit dieses Aspekts nicht zu unterschätzen und mit nicht nachlassender Intensität an brauchbaren Lösungen zu arbeiten.

d) Präsentationen in Kundenbetrieben

Eine gut vorbereitete und durchgeführte Produktpräsentation kann das Ansehen und die Akzeptanz einer Lieferfirma erheblich verbessern und damit die Wirkung der Verkaufsbemühungen des Firmenvertreters deutlich steigern. Wie dabei im Einzelnen vorgegangen werden sollte, habe ich bereits in meinem Buch „Strategisches Vertriebsmanagement" ausführlich behandelt. Es sollen deshalb hier nur die wesentlichen Grundsätze noch einmal kurz dargelegt werden.

Wie schon mehrfach erwähnt, ist es für die Vermittlung von Informationen äußerst wichtig, dass dies in einer Form geschieht, die bei den Teilnehmern „ankommt". Heute werden die Menschen mit allen möglichen Botschaften permanent konfrontiert, alle wollen etwas vermitteln oder verkaufen, seien es Nachrichten, Mitteilungen oder Werbebotschaften – und die Fachleute dieser Branchen haben längst erkannt, dass Tatsachen allein heute nicht mehr genügen. Überall ist auch Unterhaltung gefragt, weil die Menschen überfüttert sind und ihnen das Angebot daher versüßt werden muss, damit sie es überhaupt noch ansehen und aufnehmen. Diese grundlegende Haltung ist natürlich auch bei den Mitarbeitern in den Betrieben anzutreffen, und Lieferanten, die eine Präsentation planen, müssen sie berücksichtigen. Das bedeutet für sie, eine Vorführmethode zu entwickeln, die keine Langweile aufkommen lässt, sondern die die Teilnehmer in ihren Bann zieht, die spannend und kurzweilig ist. Das fängt an bei der Gliederung der gesamten Veranstaltung und geht über die verwendeten Medien bis zum Einbau von Überraschungen und Witzen.

Alles ist genauestens aufeinander abzustimmen und in seiner Wirkung zu überprüfen.

Eine weitere Empfehlung betrifft den Aufbau und die Ausrichtung des zu vermittelnden Stoffs. Viel zu häufig wird der Fehler begangen, dass die Produkte, ihre Anwendungen und Einsatzmöglichkeiten, unter „technischen Gesichtspunkten“ und aus Blick des Anbieters dargestellt werden, statt den *Nutzen für den Kunden* in den Vordergrund zu rücken. Da heißt es dann: „Wir haben hier eine interessante Neuentwicklung, die über eine 15% höhere Filterwirkung verfügt“, und der Präsentationsteilnehmer fragt sich unwillkürlich: „Was hat diese Aussage zu bedeuten? Bringt mir dieser Wert Vorteile? Worin bestehen sie? Was kann ich dadurch besser, billiger, schneller machen?“ Präsentationen erreichen viel besser den Kunden, wenn von vornherein die Vorteile für den Anwender angeführt werden, wenn in seinen Kategorien gedacht und argumentiert wird und alle abstrakte Argumentation und Selbstbeweihräucherung völlig unterbleibt.

Schließlich ist bei der Vorbereitung einer Kundenpräsentation genau zu prüfen, wer sie durchführen soll und ob diese Person/en dafür wirklich geeignet ist/sind. Der reine Fachmann ist häufig nicht die Idealbesetzung. Letztlich sollte man eine Person auswählen, die auftreten und reden kann, die keine Angst vor schwierigen Fragen hat und natürlich auch mit dem Stoff so vertraut ist, dass alle interessierenden Punkte erläutert werden können und bei den Teilnehmern der Eindruck perfekter Kompetenz entsteht.

Auf jeden Fall lohnt es sich, vor dem ersten Auftritt – eventuell mehrere – Probeläufe vorzunehmen, damit absolut sichergestellt ist, dass später nichts Unerfreuliches passiert. Um der Unterhaltungserwartung gerecht zu werden, ist es sinnvoll, zwei Präsentatoren auftreten zu lassen, weil allein dadurch schon mehr Leben in die Veranstaltung kommt und die Gefahr der Monotonie verringert wird.

Gute Präsentationen müssen

- die Teilnehmer unterhalten,
- den Kundennutzen herausstellen,
- abwechslungsreich und anregend sein,
- professionell durchgeführt werden,
- alle Kundenfragen zufriedenstellend beantworten.

e) Kundenseminare

Der Product Manager kann die Arbeit des Außendienstes auch durch Informationsveranstaltungen in Kundenfirmen verstärken, bei denen er Themen behandelt, die das Vorgehen im Markt und den Umgang mit den Endabnehmern betreffen.

Im Gegensatz zur Präsentation ist es das Ziel dieser Seminare, die Außendienstmitarbeiter des Kundenbetriebs mit den Verfahren vertraut zu machen, die die Lieferfirma einsetzt, um Kunden zu finden und diese wirksam zu beeinflussen. Sie gibt also ihre eigenen positiven Erfahrungen weiter in der Hoffnung, dass diese bei ihren Abnehmern auf fruchtbaren Boden fallen. Durch diese Seminare sollen zwei Effekte erzielt werden: Die Kundenmitarbeiter werden in ihrer Arbeit noch effektiver, weil sie über profundere Vertriebskenntnisse verfügen, und die Beziehungen zwischen Lieferant und Abnehmer werden noch intensiver und gleichzeitig widerstandsfähiger gegenüber Wettbewerbsattacken. So profitieren beide Seiten von diesen Seminaren.

Grundsätzlich dürfte der Product Manager eine aufgeschlossene Haltung antreffen, wenn er seinen Kunden derartige Seminare anbietet. Denn Abnehmer sind in der Regel interessiert zu erfahren, wie ihr Zulieferant den Markt beurteilt, welche Ziele er sich setzt und über welche Absatzstrategie er verfügt. Die Erwartungen auf Kundenseite sind also recht hoch, und der Product Manager muss sie gut erfüllen. Denn sonst könnte seine Aktion leicht einen gegenteiligen Effekt haben, nämlich zu einer Beeinträchtigung der Kundenbeziehungen führen.

Gute Kundenseminare sollen den Außendienstmitarbe

- interessante Einzelheiten über das Lieferprogran mitteln,
- erfolgreiche Produkteinsätze vorführen,
- Marktchancen und Schwächen des Wettbewerbs aufzeigen,
- Produktnutzen und Argumentationshilfen liefern,
- konkrete Zusammenarbeit anbieten,
- eine positive Einstellung zu den Produkten vermitteln,
- helfen, noch bessere Verkaufsergebnisse zu erzielen.

Auch bei den Kundenseminaren ist eine exzellente Vorbereitung wesentliche Voraussetzung für gutes Gelingen. Wer glaubt, dieses Thema aus dem Stegreif heraus abhandeln zu können, wird in den meisten Fällen eine Niederlage erleiden. Denn bei mangelnder Vorbereitung kommt der Redner schnell ins Anpreisen und Schwafeln und verfehlt damit vollständig die Erwartungen der Teilnehmer. Der Product Manager darf eine Tatsache nie aus den Augen verlieren: Die Geschäftsleitung der Abnehmerfirma mag dem Seminar sehr aufgeschlossen gegenüberstehen, die Teilnehmer selbst sind aber in aller Regel bei derartigen Veranstaltungen recht skeptisch, da sie Belehrung und weiteren Verkaufsdruck fürchten. Deshalb gilt auch hier, was weiter oben zur Präsentation gesagt wurde: Der konkrete Inhalt des Seminars ist genauestens zu definieren; es ist festzulegen, wer zu welchem Punkt was sagt und auf welche Weise die Seminarveranstalter auf Ablehnung und Einwände der Teilnehmer reagieren sollten.

8. Entwicklung neuer Produkte

In den einleitenden Abschnitten des Buches wurde erwähnt, dass Funktion und Arbeitsweise des Product Managements keine allgemein gültigen Größen darstellen, sondern von Betrieb zu Betrieb variieren können. Was in einem Unternehmen durch eine Marketingabteilung erledigt wird, wo ein Marketingleiter seine Sachbearbeiter auf verschiedene Produktgruppen ansetzt, kann in einer anderen Firma durch Product Manager geleistet werden, die zum Beispiel an den Bereichsleiter Vertrieb berichten.

Die nicht eindeutige Definition des Product Managers bezieht sich nicht nur auf seine Funktion, sondern auch auf seinen konkreten Tätigkeitsbereich. Das wird schon klar, wenn man die verschiedenen Industrien und Branchen betrachtet, in denen Product Manager beschäftigt werden: Wer unter dieser Bezeichnung zum Beispiel in einer Marmeladenfabrik arbeitet, dürfte deutlich andere Jobs wahrnehmen als der Kollege, der in einer Werft tätig ist.

a) Der Product Manager als Produktentwickler?

Trotz aller Ungenauigkeit besteht aber allgemeines Einverständnis, dass der Product Manager dafür verantwortlich ist, den Absatz eines bestimmten Produkts bzw. einer Produktgruppe zu fördern. In manchen Unternehmen wird diese Verantwortung zum Teil auch der Verkaufsorganisation übertragen und dem Product Manager statt dessen mehr Gewicht bei der Entwicklung neuer Produkte eingeräumt.

Wenn man sich vor Augen hält, warum die Firma Procter & Gamble damals die Position des Product Managements geschaffen hat, zählt die Produktentwicklung keinesfalls in dieses Ressort. Seither ist aber viel Zeit vergangen, die Anforderungen der Märkte haben sich geändert, und der Bedarf an kontinuierlicher Produktentwicklungsarbeit ist in vielen Branchen deutlich gestiegen. So ist verständlich, dass in vielen Unternehmen diese wesentliche Aufgabe dem Product Manager übertragen wird. Infolge dessen soll sich ein Kapitel dieses Buches mit diesem Thema beschäftigen.

Die Entwicklung neuer Produkte ist eine zentrale und für die Sicherung der Existenz des Unternehmens auf lange Sicht lebensnotwendige Aufgabe. Denn niemand kann garantieren, dass die bestehende Produktpalette immerfort Nachfrage findet. Überall ist im Markt Bewegung, und dazu gehört auch, dass sich das Kaufverhalten der Abnehmer ändert. Der Rückgang der Nachfrage kann durch die folgenden Vorgänge verursacht werden:

1. Strukturkrise der Abnehmer (z.B. im deutschen Bergbau).
2. Technologische Änderungen (z.B. durch den Übergang von Elektrik auf Elektronik).
3. Verstärkte Konkurrenz.
4. Wandel des Konsumverhaltens bzw. der Fertigungstechnik.

b) Basisentscheidungen der Produktpolitik

Der Product Manager, von dem verlangt wird, aktiv an der Entwicklung neuer Produkte mitzuarbeiten, steht vor einer Vielzahl höchst problematischer Fragen:

1. In welche Richtung soll entwickelt werden?
2. In welchem Bereich des bestehenden Sortiments sind neue Produkte überhaupt denkbar?
3. Was heißt eigentlich „neues Produkt"?
4. Ist die Herstellung einer Produktvariante schon als Neuentwicklung anzusehen?
5. Muss ein neues Produkt eine totale Neuheit sein?
6. Woher können Ideen für neue Produkte kommen?
7. Welche Möglichkeiten bestehen, neue Produktideen auf ihre Brauchbarkeit hin zu überprüfen?
8. Wie groß sind die Chancen, mit einem neuen Produkt erfolgreich zu sein?

Im Prozess der Entwicklung neuer Produkte ist eine Vielzahl unterschiedlicher Kriterien zu berücksichtigen, weil falsche Entscheidungen sehr zeit- und kostenaufwendig sein können und schließlich das angestrebte Ziel verfehlen. In der ersten Phase sollten daher die folgenden grundsätzlichen Fragen geklärt werden:

1. Worin liegt unsere Kompetenz?
2. Wie lautet unsere Sortimentspolitik?
3. In welcher Richtung soll generell die Produktentwicklung betrieben werden?

c) Definition der Kompetenz

Unter diesem Stichwort ist zu analysieren, worin die Zuständigkeit bzw. Fähigkeit der betreffenden Firma eigentlich besteht. Diese bezieht sich bei einem produzierenden Unternehmen zunächst auf die dort beherrschte Technologie.

Fragen zur Technologie:

- Was können wir?
- In welcher Technik kennen wir uns aus?
- Auf welchem Fabrikationssektor sind wir gut ausgestattet und erfahren?

Die Kompetenz betrifft aber auch *Marktkenntnis und Distribution*

Fragen zum Marktmechanismus:

- Welches Marktsegment ist für uns interessant?
- Sind uns die Rolle und Forderungen der Distributoren bekannt?
- Wissen wir, wer der Marktführer ist und worin seine Strategie besteht?

Die Fähigkeit, in einem neuen Markt Fuß zu fassen, hängt auch von der personellen Ausstattung ab, bezogen auf Verkäufer und technische Berater. Daraus ergeben sich

Fragen zum Fachpersonal:

- Können wir mit dem vorhandenen Verkaufspersonal zusätzliche Tätigkeiten im Markt abwickeln?
- Verfügen wir über Fachleute, die beratend, helfend und trainierend den Verkaufsprozess unterstützen können?

d) Sortimentspolitik

Unter diesem Stichwort ist vor allen anderen Aktivitäten der Produktentwicklung zu prüfen, welchen Umfang das Warenangebot zur Zeit hat und wo Erweiterungen generell möglich erscheinen. Ist mehr daran gedacht, neue Produkte durch geändertes Aussehen einzuführen oder nur Größe, Preis und andere Merkmale zu verändern? Die Frage ist auch definierbar aufgrund von Abnehmerkategorien, z.B. in Abmessungen und Verpackungseinheiten. Ein Hersteller von Reinigungsmitteln kann sich entschließen, Produktpolitik anhand von Marktdifferenzierung zu treiben und verschiedene Programme für unterschiedliche Kundenklassen zu schaffen: 1. für private Abnehmer, 2. für professionelle Verwender – z. B. Reinigungsfirmen – und 3. für institutionelle Endverbraucher wie Krankenhäuser.

e) Produktentwicklung und Marktreife

Bei der Beschäftigung mit dieser Frage steht der Markt im Mittelpunkt der Überlegungen. Werden die Produkte des Unternehmens in Wachstumsmärkte vertrieben, kann es angebracht sein, mit nur geringfügigen Modifikationen die Marktdurchdringung voran zu treiben und gezielt das vorhandene Potenzial weiter auszuschöpfen. Handelt es sich aber um einen sogenannten „alten Markt" dürfte es angebracht sein, die Angebotspalette deutlich zu erweitern und durch Produktdiversifikation in neue Märkte vorzustoßen.

f) Richtung der Produktentwicklung

Zur Klärung der Fragen, in welche Richtung überhaupt Produktentwicklung getrieben werden soll, bieten sich grundsätzlich drei Möglichkeiten an: die horizontale, vertikale und laterale Produktentwicklung.

Unter *horizontaler* Art der Diversifikation bzw. Innovation versteht man die Erweiterung der Angebotspalette in die Breite, das heißt man schafft weitere Varianten, Größen und Ausführungen der Produkte, wie sie sich heute im Sortiment befinden.

Entsprechend der Bedeutung des Wortes *vertikal* werden damit Erweiterungen des Angebots in der Senkrechten bezeichnet. Damit ist gemeint, dass nun auch Leistungen angeboten werden, die sich vor oder nach dem bisherigen Lieferprogramm befinden. Als Beispiel ist an eine Baufirma zu denken, die nun zusätzlich auch Aufgaben des Architekten, also vorgelagerte Tätigkeiten, übernimmt bzw. nachfolgende Tätigkeiten anbietet wie z.B. Instandhaltung.

Als *laterale* Diversifikation bezeichnet man die Entwicklung von neuen Produkten oder Tätigkeiten, die außerhalb der

Mittelachse liegen, das heißt die mit dem bestehenden Programm nichts direkt zu tun haben.

Grundlagen der Produktentwicklung lassen sich auch in Bezug auf das Produkt selbst festlegen. Hier spricht man von drei verschiedenen Kategorien: der Variation, der Differenzierung und der Diversifikation.

Unter dem Begriff Produkt*variation* wird verstanden, dass Änderungen durchgeführt werden mit den bereits auf dem Markt befindlichen Gütern, d. h. diese werden in verschiedenen Merkmalen verändert bzw. abgewandelt.

Demgegenüber bezeichnet die Produkt*differenzierung* eine sehr viel stärkere Abweichung vom Original, praktisch im Wesentlichen ein neues Produkt, das nur noch einzelne Merkmale des ursprünglichen enthält.

Eine tatsächliche Neuheit stellt dagegen die Produkt*diversifikation* dar, da sie mit den bereits vorhandenen Waren gar nichts mehr gemein hat.

Bei der Beschäftigung mit der Produktentwicklung sollte der Product Manager noch eine weitere Begriffsbestimmung im Auge behalten. Es geht um die Frage, welche Merkmale und begleitende Maßnahmen das neue Produkt haben muss. Die Fachwelt kennt hier das *formale* und das *erweiterte* Produkt. Unter „formal" wird das Produkt als solches verstanden, einschließlich Markenbezeichnung, Styling und Verpackung. Zählt man als weitere Leistungen den Lieferservice, Garantieleistungen, Installation, Beratung usw. hinzu, spricht man vom „erweiterten" Produkt.

g) Woher kommen Anregungen für neue Produkte?

Unklarheit besteht oft über die Frage, was eigentlich ein neues Produkt ist. Nicht minder groß ist das Problem, wo denn die Ideen herkommen sollen, die zur Entwicklung zukunftsträchtiger neuer Güter führen können. Grundsätzlich kommen die folgenden Quellen in Frage:

- Wettbewerb
- Marktforschung
- Eigene Forschung und Entwicklung
- Marktbeobachtung im Ausland
- Verkauf, Technik, Kundendienst
- Exportpartner
- Zulieferanten
- Unternehmensberater
- Werbeagenturen
- Wissenschaftler
- Fachzeitschriften

Es muss nicht betont werden, dass diese Ideenbringer für neue Produkte in ihrer Ergiebigkeit und in der Verwendbarkeit der Anregungen höchst unterschiedlich ausfallen. Die Aufstellung soll dem Product Manager lediglich helfen, die vielfältigen Möglichkeiten zu erkennen und die verschiedenen Quellen systematisch und zielgerichtet zu nutzen.

Im Konsumgütersektor gibt es über die hier aufgeführten Quellen hinaus noch drei weitere, sehr interessante Wege, Anregungen für neue Produkte zu erhalten.

h) Ideenfindung im Konsumgütersektor

Gruppendiskussionen mit Verbrauchern: Hier veranstaltet der Product Manager Zusammenkünfte mit Verbrauchern aus seinem Markt (z.B. Hausfrauen eines bestimmten Alters und einer definierten Einkommensschicht) und erörtert mit ihnen Vorgänge im Haushalt, in denen seine Waren zum Einsatz kommen oder Probleme auftauchen, die mit seinen bestehenden Erzeugnissen gelöst werden können. Aus den Schilderungen der Gesprächspersonen ergeben sich für den Product Manager vielerlei Hinweise: So erhält er etwa Informationen über ihre nicht optimale Handhabbarkeit, über Verdruss wegen ärgerlicher Verschwendung bei ihrem Einsatz, über Hilfsmaßnahmen, die die Frauen ergreifen, um mit Mängeln der Waren zurecht zu kommen usw. Auch wenn diese Bemerkungen oft nicht unmittelbar in die Entwicklung völlig neuer Produkte umgesetzt werden können, geben sie doch wertvolle Informationen für die zukünftige Strategie der Produktpolitik.

Analyse der Tätigkeit potenzieller Abnehmer: Ähnlich wie in der Gruppendiskussion mit Verbrauchern verwendet der Product Manager diese Methode, um durch die unmittelbare Kommunikation mit Anwendern bzw. Verbrauchern Ideen für die Produktentwicklung zu sammeln. Dazu lässt er sich erläutern, was potenzielle Abnehmer zur Lösung bestimmter häuslicher Anforderungen unternehmen, welche Probleme zu bewältigen sind und welche Erwartungen an das Endergebnis gestellt werden. Anhand gut vorbereiteter Fragenkataloge erhält er auf diese Weise wesentliche Informationen, die tatsächlich neue Produktideen darstellen oder Hinweise enthalten, die schon im Gang befindliche Entwicklungsprozesse entscheidend beeinflussen können.

Videoaufnahmen von Verbrauchern während der Hausarbeit: Eine weitere Methode, durch den direkten Kontakt mit dem Endverbraucher zu lernen, stellt die bildliche Aufzeichnung von Tätigkeiten im Haushalt dar. Die Leistungsfähigkeit von Produkten, die im Gruppengespräch nur verbal dargestellt werden kann, erhält hierdurch eine weitere Dimension. Denn nun kann sich der Fachmann, notfalls durch wiederholtes Betrachten der Filmaufnahmen, genau mit den praktischen Erfahrungen des Verbrauchers vertraut machen und daraus Schlüsse ziehen, die zur Entwicklung neuer oder abgewandelter Produkte führen.

Die Beschäftigung mit den Endverbrauchern, die Gespräche mit ihnen und die Beobachtung ihrer Hausarbeiten bringen für den Product Manager immer wieder interessante Erkenntnisse. Oft sind diese nicht unmittelbar in konkrete Produktideen umzuformen, sie enthalten in der Regel aber sehr nützliche Informationen über ungelöste Probleme in den Haushalten der Konsumenten.

i) Das SWOT-System

Ein in USA eingesetztes System für die Entwicklung neuer Produkte orientiert sich an den eigenen Stärken und Schwächen sowie den voraussichtlichen Marktbedingungen. Es trägt den Namen SWOT. Dies ist ein Akronym, d.h. ein aus den Anfangsbuchstaben mehrerer Wörter gebildeter Begriff. Dabei steht **S** für *Strengths*, womit die Stärken des eigenen Unternehmens gemeint sind; **W** für *Weaknesses*, d.h. die Schwächen der eigenen Firma; **O** schließlich ist das Kürzel für *Options*, was soviel wie Möglichkeiten bedeutet, und **T** ist die Bezeichnung für *Threats*, das englische Wort für Bedrohungen. Wie kann mit SWOT für die Entwicklung neuer Produkte gearbeitet werden?

Stärken nutzen: An erster Stelle sollen die Stärken des Unternehmens analysiert werden, da diese eine gute Basis für Produktentwicklungen darstellen können. Die Erforschung dieses Punktes mag ergeben, dass das Unternehmen in einer bestimmten Fabrikationstechnologie aufgrund langer Spezialisierung eine herausragende Stellung einnimmt oder über Personal mit ganz speziellem Fachwissen verfügt. Das System SWOT legt nahe, diese Schätze zu nutzen und für die neuen Produkte gezielt einzusetzen.

Schwächen berücksichtigen: Auch das Gegenteil, die ausgesprochenen Schwächen des Unternehmens sollen herangezogen werden. Denn bei der Suche nach neuen Erzeugnissen oder Verfahren soll verhindert werden, dass Produkte in Erwägung gezogen werden, die hochqualifizierte technische Verkaufsunterstützung erfordern, über die das Unternehmen gerade nicht verfügt.

Chancen wahrnehmen: Mit dem Begriff Options/Möglichkeiten weist SWOT darauf hin, dass bei der Suche nach neuen Produkten auch berücksichtigt werden soll, ob die Möglichkeit der Qualifizierung als Trendsetter oder Marktführer besteht. Denn stellt sich bei einem Entwicklungsprojekt heraus, dass das neue Erzeugnis im Markt als eine Sensation angesehen wird, wird diese Tatsache die weiteren Arbeiten in entscheidender Weise beeinflussen.

Negativentwicklungen auffangen: Richtschnur für zielgerichtetes Suchen nach neuen Produkten können auch Threats/ Bedrohungen sein, die sich etwa in Form eines zu erwartenden Umsatzeinbruchs bei einem bestimmten Produkt ankündigen können. Hier lautet dann die Maßgabe, gezielt gegenzusteuern und umgehend Ersatzprodukte zu schaffen, die einen weitergehenden Umsatzverlust aufhalten oder verhindern.

j) Realisierungsgrad neuer Produktideen

Wie sorgsam und wohlüberlegt der Product Manager auch bei der Planung neuer Produkte vorgehen mag, er darf dabei nie aus dem Blick verlieren, dass zwischen der ersten Idee und dem schließlichen Markterfolg oft Welten liegen. Nach einer Analyse der Firma Booz, Allen + Hamilton aus dem Jahr 1968 führen nicht einmal 20% aller neuen Produktideen zum Erfolg. Die genannte Untersuchung erbrachte die folgenden Werte:

Anzahl Produktideen	60
Wirtschaftlichkeitsanalyse	10 - 15
Weiterentwicklung	5 - 8
Testmarktreife	3 - 5
Neueinführungen	3
Langfristiger Erfolg	1

k) Bewertung von Produktideen

Die erfolgreiche Suche nach neuen Produkten bedarf vielfältiger Überlegungen und Bemühungen, und dennoch ist der Erfolg im Markt immer höchst unsicher. Es ist daher sehr angebracht, nach Kriterien zu suchen, die das Risiko eines Fehlschlags möglichst in Grenzen halten. Im Folgenden werden Maßstäbe genannt, die den Product Manager in die Lage ver-setzen, die Chancen eines neuen Produkts im Vorhinein besser abzuschätzen.

Umsatz- und marktbezogene Kriterien

Bei der Arbeit an einem neuen Produkt sollte beizeiten untersucht werden, welche voraussichtlichen Umsatzvolumina zu realisieren sein werden. Hier lauten die Fragen:

- Wie hoch ist die Mindestumsatzerwartung für ein Jahr?
- Welche Umsatzgrößen sind nach 3, 5 und 10 Jahren zu erwarten?
- Besteht eine realistische Chance für Marktführerschaft mit dem neuen Erzeugnis?

Erfahrungen und Kompetenz

Das Risiko ist besser zu beurteilen, wenn die folgenden Fragen positiv zu beantworten sind:

- Können bestehende Vertriebswege verwendet werden?
- Besteht die Möglichkeit, vorhandene Marken zu nutzen?
- Wird das neue Produkt die bestehenden Produktlinien ergänzen?
- Basiert die Neuheit auf vorhandenen Technologien im eigenen Unternehmen?
- Verfügt das neue Erzeugnis über erkennbare Produktvorteile?

Andere Kriterien

Auch übergeordnete Größen, wie finanzielles Engagement und die Entwicklung nationaler und internationaler Märkte, können wesentliche Hilfen bei der Beurteilung neuer Produktideen darstellen. Hier lauten die Fragen:

- Welche Maximalwerte für einmalige oder dauerhafte Marktinvestitionen werden auf uns zukommen?
- Wie hat sich der anvisierte Markt in den vergangenen zehn Jahren entwickelt (mengen- und wertmäßig) und welchen Verlauf wird er voraussichtlich in den kommenden fünf bis zehn Jahren nehmen?
- Besteht die Möglichkeit der internationalen Vermarktung?

l) Checkliste für die Entwicklung neuer Produkte

Stärken und Schwächen des Unternehmens

1. Auf welchem Gebiet der Produktion, Beschaffung oder Weiterverarbeitung ist unser Unternehmen besonders stark?

2. Welche Techniken, Verfahren, Arbeitsabläufe beherrschen wir wirklich gut?
3. Sind wir bei der Rohstoffbeschaffung Wettbewerbern überlegen?
4. Um welche Stoffe bzw. Leistungen handelt es sich dabei?
5. Warum verfügen wir über diese im Vergleich zu den Mitanbietern günstige Position und wie ist sie zu nutzen?
6. Wird diese starke Stellung auch zukünftig bestehen?
7. Auf welchen Gebieten (Produkte, Herstellverfahren, Kompetenz, technisches Wissen) ist unser Unternehmen nicht besonders stark?
8. Aus welchem Grund ist das der Fall?
9. Bestehen Chancen, dass sich diese ungünstige Situation in Zukunft ändert?
10. In welcher Richtung und zu welchem Zeitpunkt?

Leistungsvermögen der Abteilung Forschung und Entwicklung (F + E)

1. Worin lagen die Schwerpunkte der Abteilung F + E in den vergangenen fünf/zehn Jahren?
2. Welche zukunftsweisenden Produkte bzw. Verfahren wurden in diesem Zeitraum von F + E herausgebracht?
3. An welchen Projekten arbeitet Abteilung F + E zur Zeit?
4. Wann ist mit konkreten Arbeitsergebnissen zu rechen?
5. Um welche Produkte, Verfahren, Leistungen wird es sich dabei handeln?

Patentschutz

1. Welche Patente besitzt unser Unternehmen?
2. Wo liegen die Schwerpunkte unseres Patentschutzes?
3. Worin besteht der Nutzen des patentierten Produkts bzw. Verfahrens?
4. Welche Möglichkeiten des gezielten Ausbaus dieses Produkts/Verfahrens gibt es?

Grundsätze der Produktpolitik

1. Welche Ziele verfolgt unser Unternehmen grundsätzlich in Bezug auf die Produktpolitik?

2. Welche Kriterien stehen bei der Produktpolitik im Vordergrund?
3. Welche der folgenden Merkmale sind für unser Unternehmen von besonders großer Wichtigkeit? Zum Beispiel: Produktvielfalt, Innovationskraft, Spezialanfertigungen; Nischenpolitik, Marktführerschaft, Hochpreispolitik, Niedrigpreispolitik; Massenwaren, Konzentration auf Kernkompetenz, Eigenherstellung, Zukaufpolitik, Systemanbieter; Nischenspezialist, Diversifikation, Trendsetter.

Entwicklungen im Markt

1. Wer ist bei uns zuständig für systematische Wettbewerbsanalyse (Messen/Ausstellungen, Kunden, Veröffentlichungen Symposien, Fachgespräche) zur Gewinnung neuer Produktideen?
2. Wie verlaufen die Trends in unserer Industrie bzw. in unserem Wirtschaftszweig?
3. Welche Ziele und Entwicklungen sind bei den wesentlichen Kunden festzustellen, z. B. bezüglich Beschaffung/Einkaufsverhalten?
4. Welche Bedeutung hat das Produkt-Design, die Produkt-Farbe, die Verpackung, die Lieferform? Welchen Rang nimmt dabei unsere Firma ein?

Situation bei den Kunden

1. Was haben Analysen der Abläufe in den Kundenunternehmen hinsichtlich des Einsatzes unserer Produkte ergeben (Probleme, Engpässe, Verschwendung von Zeit und Geld)?
2. Was geschieht bei den Kunden nach Gebrauch/Verbrauch der von uns gelieferten Produkte und Leistungen?
3. Bestehen seitens der Kunden ernsthafte Forderungen nach Verbreiterung/Vertiefung unserer Angebotspalette? In welcher Richtung?
4. Wann haben wir mit welchen Ergebnissen Produkteinsatz und -verwendung beim Kunden analysiert und Verfahren entwickelt für schneller, besser, ergiebiger in Einsatz/Weiterverarbeitung?

5. Welche Untersuchungen haben wir durchgeführt, um zu erreichen, dass der Einsatz unserer Produkte weniger Abfall, bessere Nutzung, schnellere Umstellung, sinnvollere Lagerung (nach teilweisem Verbrauch) möglich macht?
6. Wie lauten die Pläne bezüglich Kundentrainings mit Erklärung des Produktnutzens?
7. Sind die von uns definierten positiven Produktmerkmale noch aktuell oder müssten sie überarbeitet und verbessert werden?
8. Wer aus unserer Organisation besucht regelmäßig Kundenmessen sowie Messen und Ausstellungen im Umfeld der Kunden, um Trends und Neuigkeiten mit Wirkung auf unser Angebot zu registrieren? (Beispiele: Falls die Kunden Küchenhersteller sind, sollten auch Messen für Holz, Aluminium, Armaturen usw. besucht werden. Falls die Kunden Chirurgen sind, sollten auch Messen für OP-Ausrüster und Krankenhauszubehör besucht werden.)
9. Welche Berichte liegen dazu vor? Wer erhält sie? Wer wertet sie aus? Was geschieht als Konsequenz?

9. Markteinführung neuer Produkte

Wie eingangs festgestellt wurde, sind die Aufgaben des Product Managers keineswegs eindeutig und klar definiert, sondern stark vom Tätigkeitsfeld des Unternehmens, seiner Absatzorganisation und Art und Umfang der vertriebenen Produkte abhängig. Vielfach wird der Begriff sogar auf Mitarbeiter angewendet, deren Haupttätigkeit gar nicht in der Marketingarbeit liegt, sondern im Managen des Produkts innerhalb des Unternehmens. Zum Teil besteht hier das Schwergewicht der Arbeiten in der Mitwirkung bei der Produktentwicklung, und es ist die Aufgabe des Product Managers, das neue Erzeugnis intern so zu managen, dass es schließlich in verkaufsfähiger Form vorliegt, erfolgreich in den Markt eingeführt werden kann und dann auch gut bei den potenziellen Abnehmern ankommt. Wie man sieht, ein weiter Weg vom Ursprung des Product Managements bei Procter & Gamble, wo die neue Seife fix und fertig vorhanden war und die Tätigkeit des Product Managers ausschließlich auf den Markt und die richtige Verbraucheransprache ausgerichtet war.

Die Vorbereitungen für die Markteinführung eines neuen Produkts ist in allen Märkten ein sehr bedeutender Vorgang, auch wenn sich zum Beispiel im Maschinenbau die einzelnen Maßnahmen ohne Zweifel in einem anderen Rahmen bewegen als die entsprechenden Aktionen in der Konsumgüterindustrie. Die Tätigkeit an sich, die erfolgreiche Produkteinführung, ist aber in beiden Fällen – und darüber hinaus ganz grundsätzlich von erheblicher Bedeutung im Arbeitsleben eines Product Managers, und sie soll daher hier auch entsprechend tief und breit behandelt werden.

Es wurde an anderer Stelle ausgeführt, warum die Unternehmen immer wieder mit dem Problem konfrontiert sind, neue Produkte zu entwickeln und in den Markt einzuführen. Ideen für Neuheiten zu finden, gehört sicher zu den großen Herausforderungen, sie mit positivem Effekt zum Kunden zu bringen und ihn so dafür zu begeistern, dass sie erworben werden, verlangt aber nicht weniger Einsatz, Organisationstalent und Beharrlichkeit.

Der *Prozess der Produkteinführung* kann in fünf Schritte gegliedert werden:

1. Klärung grundlegender Fragen
2. Praktische Vorbereitungen
3. Planung der notwendigen Aktionen
4. Information des Verkaufs
5. Überprüfung der Ergebnisse

a) Klärung grundlegender Fragen

(1) Produktbeschreibung

Die erste Maßnahme besteht darin, das neue Produkt detailliert zu beschreiben, seine Merkmale und seine Leistungsfähigkeit zu definieren. Diese Feststellung mag manchem überflüssig, weil vollständig selbstverständlich erscheinen, sie ist es aber keineswegs. Denn vielfach scheuen sich die Vertriebsmitarbeiter, diesem Punkt die nötige Aufmerksamkeit zu schenken und sich ganz klar auszudrücken, weil sie befürchten, damit Fragen nach Kunden, Märkten und Einsatzmöglichkeiten zu provozieren, die sie so schnell gar nicht beantworten können. Auch die Sorge, dass das neue Produkt vielleicht viel zu nahe bei schon vorhandenen liegen könnte, und daher nur ein beschränktes Absatzvolumen denkbar ist, lässt die am Produkteinführunsprozess Beteiligten bei dieser wichtigen Frage oft unangebrachte Zurückhaltung üben. Welche Motive für unvollständige Produktinformation auch immer maßgebend sein mögen: Die umfangreichen Maßnahmen der Markteinführung werden unnötig erschwert, wenn nicht so früh wie möglich über diesen Punkt absolute Klarheit besteht.

Grundlegende Frage: Über welche Merkmale verfügt das neue Produkt? Was kann es? In welchem Markt soll es verkauft werden? Für welche Abnehmer ist es bestimmt?

(2) Grund für die Aufnahme ins Verkaufsprogramm

Auch die Frage, warum das neue Erzeugnis ins Programm genommen werden soll, sollte logisch und jedermann verständlich sein – sie ist es aber erstaunlicherweise häufig nicht. Wieder ist es die Furcht vor zweifelnden, verunsichernden Fragen, die die Verantwortlichen oft vor einer klaren Stellungnahme zurückschrecken lassen. Insistiert dann der Fragesteller, der etwa aus dem Controlling oder dem Technischen Kundendienst kommt und sich ernsthaft Sorgen um die eingeschlagene Richtung macht, bekommt er von den Vertriebsleuten schnell Antworten wie: „Der Unternehmer braucht Mut und muss auch Risiken eingehen.“ Oder „Nur Innovation hilft uns weiter“. Was ja von dem Fragenden keinesfalls bestritten wird, aber keine befriedigende Antwort darstellt. Für guten Verlauf der Produkteinführung ist dieser Punkt daher eindeutig zu klären:

Grundlegende Frage: Aus welchem Grund wird das Produkt ins Verkaufsprogramm genommen? Welche Idee steht dahinter? Was soll erreicht werden?

(3) Anwendungen und Nutzen

Eng zusammenhängend mit den ersten beiden Fragen ist das dritte Gebiet, nämlich das Einsatzgebiet der neuen Ware und der Nutzen, der dem Erwerber aus ihrer Verwendung entsteht. Auch bei diesem Punkt besteht oft die Neigung zu verallgemeinernden Feststellungen, was unverzeihlich ist, da der Erfolg des gesamten Prozesses entscheidend von diesen Kriterien geprägt wird. Der Produkteinführer soll sich daher intensiv mit diesem Thema beschäftigen und eindeutige Antworten finden.

Grundlegende Frage: Wo und wie soll das neue Produkt eingesetzt werden? Welche Vorteile bringt es dabei dem Kunden? Welcher konkrete Nutzen ergibt sich für ihn?

(4) Abnehmer und Distribution

In weiterer logischer Folge ergibt sich nun die Frage, für wen das neue Produkt gedacht ist und wie es dem potenziellen Abnehmer zugänglich gemacht werden kann. In der überwiegenden Zahl der Fälle dürfte dieser Komplex keine großen Anforderungen stellen, da sehr häufig die schon vorhandene Kundschaft als Abnehmer in Frage kommt und dabei der übliche Distributionsweg eingehalten wird. Aber auch bei dieser Frage soll der Product Manager nicht leichtfertig verfahren, denn es ist stets denkbar, dass neben den existierenden Kunden auch ganz andere Abnehmerkreise in Frage kommen und auch im Verteilungssystem Änderungen zum bisher Gewohnten neue und bessere Absatzchancen bieten. Daher ist auch die intensive Beschäftigung mit dem vierten Komplex angesagt.

Grundlegende Frage: Über welche Merkmale verfügen die Abnehmer des neuen Produkts? Warum sind sie für die Neuheit interessant? Wie ist die optimale Belieferung sicherzustellen?

(5) Marktinformation

Es ist sehr empfehlenswert, sich möglichst frühzeitig Gedanken zu machen, wie das neue Produkt im Markt bekannt gemacht werden soll. Denn die dafür notwendigen Maßnahmen brauchen oft eine lange und sehr planmäßige Vorbereitungszeit, z.B. für die Konzeption und den Druck von Unterlagen oder die Erstellung von Werbematerial und die Präsentation im Internet. Auch die Idee, das neue Erzeugnis auf einer Messe vorzustellen, lässt sich nicht von heute auf morgen realisieren. Denn von der Anmeldung zur Messeteilnahme, über die Klärung und Anmietung der notwendigen Standfläche, den beanspruchten Raum bis zu den Kosten sind weitreichende Planungen erforderlich.

Grundlegende Frage: Mit welchen Medien soll das neue Produkt bei den potenziellen Abnehmern bekannt gemacht werden? Werden Muster, Testergebnisse, Freigaben benötigt? Welcher Zeitplan ist aufzustellen? Welche Kosten sind zu planen?

(6) Position des Produkts im eigenen Programm

Alle neuen Produkte, die in ihrer Grundausrichtung dem bestehenden Lieferprogramm entsprechen, haben Einfluss auf das Kaufverhalten der Abnehmer und damit auf die Zusammensetzung des Product Mix. Dabei muss man gar nicht gleich an die so genannte Kannibalisierung denken, die den gefährlichen Tatbestand bezeichnet, dass das neue Erzeugnis vorhandene Produkte „auffrisst“. Wenn ein neues Produkt im Markt gut ankommt, weil es attraktive, bisher so nicht gekannte Merkmale aufweist, wird es mit Sicherheit Abnehmer finden, die dafür nun weniger geeignete Produkte in geringerem Maße beziehen. Neben diesem Austausch alter Waren durch die Neuheit können sich noch andere Veränderungen auf der Abnehmerseite ergeben: Zum Beispiel ist denkbar, dass durch das neue Produkt Herstell- oder Verarbeitungsverfahren – und sei es auch nur geringfügig – verändert werden, was ohne Zweifel Einfluss auf das Beschaffungsverhalten der betreffenden Firmen hat. Es ist daher dem Product Manager sehr angeraten, sich mit der internen Positionierung des Produkts zu beschäftigen und möglichst überzeugende Aussagen zu finden.

Grundlegende Frage: Wie passt das neue Produkt in die bestehende Angebotspalette? Durch welche Merkmale und Einsatzzwecke unterscheidet es sich von „Nachbarprodukten“?

(7) Einschätzung des Produkts durch die Kunden

Eng zusammenhängend mit dem gerade behandelten Punkt ist die Frage nach der voraussichtlichen Akzeptanz des Produkts durch die Kunden. Dieses Thema hat schon viele im Vertrieb Tätigen beschäftigt, einfach weil es so viel Logik in sich zu haben scheint: Frag den Kunden, was er haben möchte, stell es her und mach viel Umsatz und Gewinn. Plausibel klingt diese Überlegung, sie geht aber weitgehend an den tatsächlichen Gegebenheiten vorbei. Zum einen ist es äußerst schwierig, wirklich den Bedarf potenzieller Abnehmer in Erfahrung zu bringen, und zum anderen bereitet es in der Regel große Probleme, genau das herzustellen, was ganz spezifische Teilnehmer im Markt gerne hätten. Der spektakulärste Fall dieser Art ist zweifellos das Projekt „Edsel“ der Firma Ford, die kurz nach dem 2. Weltkrieg ein genau auf die Autofahrer zugeschnittenes neues Modell herausbringen wollten und dazu Tausende von möglichen Käufern nach ihren Wünschen befragten. Diese wurden dann minutiös umgesetzt, und der dadurch schließlich zustande gekommene neue Wagen wurde ein totaler Verkaufsflopp. Auf der anderen Seite gibt es diverse Fälle, in denen Vorabbefragungen der Käufer keine besonders begeisternden Ergebnisse brachten, und die Neuheit dann aber doch ein großer Verkaufserfolg wurde.

Wenn es so schwierig ist und auch irreführende Ergebnisse bringen kann, die Kundenmeinung vor Einführung des neuen Produkts einzuholen, stellt sich die Frage, warum sich der Product Manager überhaupt dieser Tätigkeit unterziehen soll.

Der Product Manager muss wissen, dass den Einschätzungen der potenziellen Abnehmer, bevor noch praktische Erfahrungen mit dem neuen Produkt gemacht wurden, keine große Bedeutung beizumessen ist, und dass er sich bei seinen Planungen nicht zu stark beeinflussen lassen darf. Und keinesfalls soll er sich in seiner grundlegenden Strategie davon beirren lassen. Es ist aber höchst aufschlussreich und für die Gestaltung des Einführungsprozesses sehr hilfreich, wenn er zumindest weiß, welche grundlegenden Ansichten Marktfachleute dazu äußern und wo sie die wesentlichen Schwächen aber auch die Stärken des neuen Erzeugnisses sehen. Er soll ja nicht die Ansichten der Abnehmer zu seinem alles überragenden Maßstab machen und das ganze Projekt vielleicht kippen, wenn überwiegend negative Meinungen geäußert werden. Ziel ist vielmehr, die Meinungen von Außenstehenden bewusst anzuhören und sie in die Planungen mit einzubeziehen. Vielfach erhält er bei den Erkundungsgesprächen Hinweise auf Marktentwicklungen, die ihm bisher noch nie so deutlich waren und ihm nun helfen, Fehler zu vermeiden. Daher ist auch dieser Komplex nicht zu vernachlässigen.

Grundlegende Frage: Welche Ansichten äußern Kunden zum neuen Produktprojekt? Welche Merkmale an der Neuheit finden ihre Zustimmung, welche nicht? Welche Begründungen geben sie dafür?

(8) Position des Produkts im Verhältnis zum Wettbewerb

Als letzte grundlegende Maßnahme soll überprüft werden, wie sich das neue Produkt im Vergleich zum Angebot der Wettbewerber darstellt. Denn die Marktresonanz nach Einführung wird wesentlich davon bestimmt, inwieweit das neue Erzeugnis wirklich eine komplette Neuheit darstellt oder lediglich ein Gleichziehen mit bereits im Markt angebotenen Produkten bedeutet. Diese Kenntnisse geben dem Product Manager bei der Gestaltung der Einführungsstrategie wichtige Hinweise und sind entsprechend zu berücksichtigen. Denn gerade wenn das neue Erzeugnis in seiner Art bei den Abnehmern schon bekannt ist, hat er die Ankündigung darauf abzustellen und die dennoch vorhandenen Unterschiede deutlich herauszuarbeiten. Mit einer Aussage, die etwa lauten könnte: „Sie haben recht, Herr Kunde, dieses neue Produkt wird in so ähnlicher Form schon angeboten. Wenn ich Sie aber einmal auf die folgenden Einzelheiten hinweisen darf, die bisher niemand bietet und die Ihnen die folgenden Vorteile bringen..."

Grundlegende Frage: Gibt es im Markt bereits vergleichbare Produkte? Worin liegen ihre Stärken und Schwächen? In welchen Merkmalen unterscheidet sich das neue Produkt vom Bekannten? Wie können diese Punkte deutlich gemacht werden?

(9) Rechtliche Vorschriften und Auflagen

In technisch hoch entwickelten Industriezweigen und in Branchen, in denen „gefährliche Materialien" eingesetzt werden, ist es sehr ratsam, weit vor der Produkteinführung das „juristische Umfeld" zu klären. Damit gemeint ist die Prüfung von möglichen Auflagen, von Prüfvorschriften, Patentschutz usw. Wer hier zu spät aktiv wird, kann vielleicht nicht nur die gesamte weitere Planung und den angepeilten Einführungstermin vergessen, sondern muss eventuell auch das Produkt selbst wieder einstampfen, weil bestimmte gesetzliche Regelungen schwer oder gar nicht einzuhalten sind.

Grundlegende Frage: Besteht patentrechtlicher Schutz anderer Hersteller? Werden Sicherheits-Standards erfüllt (z.B. TÜV- oder VDE-Freigabe)? Existieren für das Produkt Umweltauflagen (z.B. bei Chemikalien)? Welche rechtlichen Auflagen gibt es bezüglich der Entsorgung? Wo verbleibt das Produkt am „end of life"? Entsteht Sondermüll? Sind Vorkehrungen zu treffen für den Verbleib der Verpackung nach Verbrauch bzw. Verarbeitung?

b) Praktische Vorbereitungen der Einführung

(1) Produktausführungen festlegen

Nachdem das weite Umfeld des Produkteinführungsprozesses, wie im vorigen Absatz dargestellt, analysiert und alle möglichen Widrigkeiten geklärt und ausgeräumt worden sind, kann der Product Manager mehr ins Detail gehen und mit der praktischen Arbeit beginnen. Hier ist als erste Maßnahme Klarheit zu schaffen über Menge und Arten der beabsichtigten Produktvarianten.

Praktische Vorbereitung: Entscheidung, ob das neue Produkt als Einzelstück oder in verschiedenen Varianten verfügbar sein soll. Definition der Menge insgesamt und Klarstellung, worin die Unterschiede bestehen. Klärung der weiteren Fragen: Welche Bezeichnungen erhalten die einzelnen Ausführungen? Ist Übereinstimmung und Logik mit der bestehenden Produktpalette sichergestellt? Sind die geplanten Produktbezeichnungen für das eigene Unternehmen geschützt?

(2) Kannibalisierung untersuchen

Die Erweiterung einer Produktpalette birgt immer die Gefahr, dass die Abnehmer des neuen Produkts bisher erworbene Waren dafür nicht mehr kaufen. Die Neuheit ersetzt somit eine bereits existierende Variante, sie frisst sie gewissermaßen auf, weswegen man auch von Kannibalisierung spricht. In aller Regel wird dieser Vorgang im Vertrieb nicht gern gesehen, weil das Ersatzprodukt meistens preiswerter und damit weniger profitabel ist. Zudem ist es – zumindest in der Anfangsphase – häufig noch nicht so gut ins Vertriebssystem integriert wie das Altprodukt, wodurch weitere Zeit- und Kostenbelastungen auftreten.

Ein typischer, allgemein verständlicher Fall von Kannibalisierung trat vor Jahren bei Volkswagen ein, als unter dem Namen Lupo ein deutlich unterhalb des Golf liegendes Modell angeboten wurde. Die von Anfang an sehr positiven Verkaufszahlen des Neulings erfreuten den Konzern, bis man dahinter kam, dass der gleichzeitig rückläufige Absatz des Golf auf Kannibalisierung zurückzuführen war: Untersuchungen zeigten nämlich, dass viele Frauen, die bisher zu den klassischen Golfkäufern zählten, nun den kleineren und preiswerteren Lupo wählten.

Praktische Vorbereitung: Besteht die Gefahr, dass das neue Produkt anstelle schon existierender Erzeugnisse erworben wird? Welche Möglichkeiten gibt es, dieser Tendenz vorzubeugen? Sind Preis, Verpackung, Anwendungsempfehlungen geeignet? Können Leistungswerte reduziert werden? An welcher Stelle? Durch welche Maßnahmen?

(3) Definition der Liefereinheiten

Hier geht es um die Frage, in welcher Form und in welcher Stückzahl das neue Produkt angeboten werden soll. Dabei sind nicht nur Gegebenheiten in der Herstellung zu berücksichtigen, sondern auch die Bedürfnisse der Kunden, eventuell des Handels und Überlegungen bei der Preisfestsetzung.

Praktische Vorbereitung: Festlegung der Merkmale und der Beschaffenheit, über die das neue Produkt als Verkaufsgegenstand verfügen soll. Definition der Größe einer Liefereinheit. Klärung, welche Menge für Produktion/Verpackung, welche für die Abnehmer günstig wäre. Analyse der optimalen Liefereinheit unter dem Gesichtspunkt der Preisfestsetzung: Der Preis muss in das bestehende System passen und für die Abnehmer reizvoll sein.

(4) Abstimmung interner Lieferzeiten

Eigentlich sollte dieser Punkt eine Selbstverständlichkeit darstellen und daher gar nicht erwähnt werden müssen: Dass der Product Manager nämlich frühzeitig im Produkteinführungsprozess sicherstellt, dass das neue Produkt zum geplanten Zeitpunkt auch wirklich zur Verfügung steht und lieferbar ist. Die Erfahrung zeigt aber, dass es selbst in renommierten Firmen an diesem Punkt immer wieder zu Engpässen und Pannen kommt. Wie und warum entstehen sie und worauf sollte der Product Manager achten, um sie zu vermeiden?

Die Schwierigkeiten der reibungslosen Lieferfähigkeit liegen in zwei Tatsachen begründet: Zum einen ist nie mit absoluter Sicherheit vorauszusagen, wie das neue Produkt in seinen verschiedenen Formen im Markt tatsächlich „ankommt", und zum anderen ist die Herstellungsabteilung aus Kosten- und Raumgründen stets sehr bemüht, nur geringste Lagerbestände zu halten und auf jeden Fall sicherzustellen, dass man auf keinen Ladenhütern sitzen bleibt. Tritt unter diesen Umständen ein unvorhergesehener Abnahmesog nach einer bestimmten neuen Produktvariante auf, kommt es schnell zu Lieferengpässen, die oft nicht über Nacht behoben werden können, weil die Zulieferanten unter ähnlichen Zwängen stehen und auch nur über geringste Rohstofflagerbestände verfügen.

Praktische Vorbereitung: Bestmögliche Abschätzung des voraussichtlichen Absatzvolumens für das neue Produkt, bei Bedarf einschließlich aller Produktvarianten. Überzeugende Vermittlung dieser Zahlen an die Beschaffungsabteilung/Einkauf/Herstellung. Vereinbarung eines effektiven Kommunikationssystems zwischen Product Manager und Beschaffung zur kontinuierlichen Abstimmung über Absatzzahlen und -trends.

(5) Verpackung veranlassen

Neue Produkte benötigen oft keine völlig neu gestalteten Verpackungen, es muss aber bei jeder Art von Umhüllung äußerlich klar erkennbar sein, um welche Art von Produkt es sich im Inneren handelt. Außerdem müssen die von elektronischen Lesern erfassbaren Zeichen an der richtigen Stelle angebracht sein, damit Transport und Lagerung bei Hersteller, Handel und Verbraucher problemlos verläuft.

Praktische Vorbereitung: Klärung des Verpackungsbedarfs. Abstimmung mit Herstellung/Beschaffung und Logistik sowie Veranlassung der notwendigen Arbeiten.

(6) Kundendienst organisieren

Sollte das neue Produkt über Merkmale verfügen, die bisher im Lieferprogramm nicht vorhanden waren, kann die Frage des Kundendienstes eine große Rolle spielen. Denn beim Einsatz des Produkts werden Fragen auftauchen, zu denen der Kunde fachmännische Beratung wünscht, und es muss daher vom Product Manager frühzeitig geklärt werden, wer für diese Aufgabe in Frage kommt und wie diesem/n Mitarbeiter/n die notwendigen Kenntnisse vermittelt werden. Auch wenn die Neuheit kein zusätzliches Wissen erfordert, ist es höchst ratsam, die für die technische Kundenbetreuung verantwortlichen Mitarbeiter entsprechend ins Bild zu setzen.

Praktische Vorbereitung: Klärung der/des Mitarbeiter/s, die für die Produktbetreuung bei den Kunden verantwortlich sind. Durchführung von Produkttrainings.

(7) Preisfestsetzung

An anderer Stelle dieses Buches wird ausführlich auf das Thema Preisbildung eingegangen, daher soll dieser Punkt hier nur in kurzen Worten und der Vollständigkeit halber angeführt werden. Grundsätzlich ist zu beachten, dass die Kosten nicht immer *die* Basis für die Preisermittlung darstellen können, und dies gilt besonders, wenn sich ein neues Produkt in ein bestehendes Sortiment einfügen muss. Hier sind Gesichtspunkte der Produktpolitik und sicher auch der Kannibalisierungsgefahr höher einzuschätzen als etwa der firmeneigene Grundsatz, dass auf die Kosten ein bestimmter Prozentsatz aufzuschlagen ist.

Praktische Vorbereitung: Ermittlung des Verkaufspreises nach Firmenvorschrift (Kosten plus x% Aufschlag), nach Sortimentsgesichtspunkt, nach Wettbewerbssituation und im Sinne von Kannibalisierungsvermeidung. Entscheidung über Verkaufspreis als bestmöglichem Kompromiss.

c) Planung der notwendigen Aktionen

(1) Verkaufsunterlagen

Es herrscht allgemeine Übereinstimmung in den Vertriebsorganisationen, dass für den effektiven Verkauf von Produkten und Leistungen informative und verständliche Verkaufsunterlagen benötigt werden. Denn nur so lassen sich die für das Produkt wesentlichen Merkmale, dazu Informationen über Verarbeitungs- und Lagervorschriften und vieles mehr auf sichere Weise an den Kunden übermitteln. Sie sind aber auch ein wichtiges Hilfsmittel für den eigenen Verkauf und den Kundendienst, die über eine verlässliche, jederzeit greifbare Informationsquelle verfügen können müssen.

Trotz der großen Bedeutung, die gute Verkaufsunterlagen für den erfolgreichen Vertrieb besitzen, erstaunen immer die Nachlässigkeiten und Fehler, die bei ihrer Herstellung begangen werden. In vielen Firmen ist in letzter Zeit auf dem Gebiet der schriftlichen Informationen viel geschehen und es sind dabei, vor allem wohl unter dem populären Schlagwort „Corporate Identity“, auch die Verkaufsunterlagen in eine neue, dem Gesamtbild angepasste Form gebracht worden. Das macht nach außen einen guten Eindruck, es fragt sich aber, ob mit diesen zum Teil hoch gestylten Broschüren auch ihr eigentlicher Zweck erreicht wird: die einleuchtende und unmissverständliche Vermittlung von Information über Produkte, Anwendungen und Verarbeitungsverfahren.

Dabei ist diese wesentliche Tätigkeit der Vertriebsgestaltung eigentlich ohne große Probleme zu bewältigen. Der zuständige Product Manager sollte sich an drei grundsätzliche Fragen halten und diese konsequent beantworten: Für wen werden die Unterlagen benötigt? Welche Informationen brauchen diese Personen? Was muss demnach konkret vermittelt werden?

Notwendige Aktion: Definition des Personenkreises, der Informationen über das neue Produkt erhalten muss. Klärung des jeweils spezifischen Bedarfs. Entwurf eines Konzepts „Verkaufsunterlagen“. Veranlassung der Abfassung und Überprüfung der Texte und sonstigen Informationen. Integration der Daten in die firmeneigene Website.

(2) Datum der Markteinführung

Häufig verläuft die Einführung neuer Produkte chaotisch, weil viel zu spät der definitive Endtermin festgelegt wurde. Möglichst frühzeitig, d. h. wenn abzusehen ist, wann die verschiedenen Aufgaben abgeschlossen sein werden, sollte der Product Manager daher das Datum fixieren, an dem die tatsächliche Markteinführung erfolgt. Es ist dabei sehr lohnenswert, diesen Vorgang genau zu beschreiben, also zum Beispiel die Information der Kunden als den Endpunkt der Vorbereitungsarbeiten festzulegen. Durch eine solche Terminierung ist es viel leichter, eine effektive Planung durchzuführen, da vom Endpunkt zurückgerechnet klare Vorgaben an die beteiligten Mitarbeiter gemacht werden können und sich der Product Manager auch selbst mit dem Datum kontrollieren kann.

Notwendige Aktion: Frühzeitige Festlegung des Enddatums. Eindeutige Definition dieses Zeitpunkts (z. B. Bekanntmachung der Produkteinführung an die Kunden). Vermittlung dieses Termins an alle Beteiligten.

(3) Verkäufer und interne Stelle informieren

Wer ein neues Produkt in den Markt einführen will, denkt naturgemäß immer wieder darüber nach, mit welchen Methoden und Mitteln den potenziellen Abnehmern die Vorzüge der Neuheit nahe gebracht werden können, da nur so der angestrebte Verkaufserfolg zu erzielen ist. Es werden alle möglichen Aktionen geplant, wie Werbemaßnahmen, Präsentationen und Pressekonferenzen, immer in der Erwartung, dass das neue Produkt dadurch Interesse und Käufer findet. Diese starke Konzentration auf den Markt ist völlig richtig, sie darf aber nicht dazu führen, dass die notwendige Einbeziehung des eigenen Unternehmens zu kurz kommt oder sogar völlig unterbleibt. Wer die Praxis in Vertriebsorganisationen kennt, wundert sich, wie häufig bei wichtigen Vorgängen, und dazu zählen Produkteinführungen, die intensive Information der internen Stellen unterbleibt oder nur halbherzig erfolgt. Und dabei wird doch auch hier viel zum Erfolg der Markteinführungsmaßnahmen beigetragen.

Nicht nur die Verkäufer, der Verkaufsinnendienst und die Kundendienstler müssen genau über die geplanten Maßnahmen informiert werden, sondern noch viele weitere Stellen im Unternehmen: Zumindest Kostenrechnung, Lager, Versand und Buchhaltung müssen wissen, dass es jetzt eine neue Produktvariante gibt, wie sie heißt, welchen Preis sie hat usw. Denn nur so kann sichergestellt werden, dass die Einführung problemlos verläuft und dass aus dem Markt hereinkommende Anfragen von allen Stellen professionell behandelt werden. Es ist sogar denkbar, dass in manchen Fällen auch die Telefonzentrale zu informieren ist, weil Kunden anrufen könnten, die über die Neuheit Informationen wünschen und erwarten, dass gleich der erste Gesprächspartner im Bilde ist und sie richtig weiterverbindet.

Besonderes Gewicht ist auf die Information der Verkäufer im Innen- und Außendienst zu legen. Manche Firmen begnügen sich damit, diese Mitarbeiter durch eine kurze schriftliche Mitteilung über die Neuheit zu informieren. Diese Methode ist nachdrücklich abzulehnen. Denn erfahrungsgemäß werden schriftliche Ausführungen nicht sehr sorgfältig gelesen, und mögliche Fragen dazu bleiben unbeantwortet. Die Verkaufsmitarbeiter müssen am besten im persönlichen Gespräch, etwa anlässlich einer Konferenz, mit dem neuen Produkt durch und durch vertraut gemacht werden, weil sie nur so bei ihren ständigen Kontakten im Markt interessierte Kunden erschöpfend und überzeugend beraten bzw. von sich aus das neue Produkt propagieren können.

> *Notwendige Aktion*: Abfassung einer allgemein verständlichen Information über die Maßnahmen der Produkteinführung und Versand an alle betroffenen internen Stellen. Ausarbeitung und Durchführung einer umfassenden Informationsveranstaltung für den Außen- und Innendienst.

In dieser Veranstaltung sollen sehr ausführlich die folgenden Punkte erläutert werden:

- Produktstrategie
- Produktnutzen
- Produktinformationen

- Verkaufsargumente
- Verarbeitung
- Anwendungen
- Kundeninformation
- Preise und Preisstrategie
- Werbemaßnahmen
- Kannibalisierungsgefahr
- Sortimentspolitik
- Marktziele
- Zielgruppen
- Markteinführungsplan

(4) Bemusterung der Verkäufer durchführen

Unmittelbar anschließend an die Unterrichtung der Verkäufer soll die Bemusterung bzw. Ausrüstung der Außendienstmitarbeiter erfolgen. Je nach Art des Produkts ist eine geeignete Form zu wählen, die den Transport zum Kunden ermöglicht und eine möglichst optimale Präsentation der Neuheit erlaubt. Diese Überlegungen sind überaus einleuchtend und logisch, und dennoch werden sie in der Praxis oft höchst nachlässig gehandhabt. Da bekommen die Vertreter aufwendige Broschüren in die Hand gedrückt, mit denen sie nichts anfangen können, oder sie erhalten riesengroße Koffer, mit denen sie das neue Produkt zum Kunden tragen und mit Effekt vorstellen sollen. Der Product Manager soll sich über diesen Punkt gute Gedanken machen und wirksame und brauchbare Instrumente realisieren. Denn wenn der Außendienst die Präsentationsobjekte mit Widerwillen entgegennimmt, wird er sie auch nur ungern oder gar nicht einsetzen – und damit geht ein wesentlicher Schritt bei der erfolgreichen Einführung eines neuen Produkts verloren.

Notwendige Aktion: Klärung, mit welchen Medien (Zeichnungen, Photos, grafischen Darstellungen, Mustern, Anwendungsbeispielen, Videos o.a.) die Wirkung des neuen Produkts am besten demonstriert werden kann. Analyse der Realisierbarkeit, der Kosten und der Handhabbarkeit. Ausführung veranlassen.

(5) Werbemaßnahmen festlegen

Für den Product Manager in der Konsumgüterindustrie ist bei der Einführung eines neuen Produkts das Thema Werbung ohne Frage von höchster Wichtigkeit, und es bedarf keinerlei Hinweise, was dabei besonders zu beachten ist. Dieses Buch wendet sich aber auch an Product Manager, die mit technischen und anderen Erzeugnissen sowie mit Dienstleistungen zu tun haben, bei denen die Werbung kein automatischer Vorgang ist. Deshalb soll dieses Gebiet hier behandelt werden.

Vielfach wird der Begriff Werbung sehr eng gefasst und allein mit der Konsumgüterindustrie in Verbindung gebracht, wo mit allen möglichen Bildchen und Sprüchen versucht wird, Abnehmer zu manipulieren und zum Kauf zu animieren. Werbung dieser Art ist für viele Geschäftszweige, zum Beispiel im technischen Bereich oder in der Investitionsgüterindustrie völlig unbrauchbar und wird daher von den entsprechenden Product Managern zu Recht beiseite gelassen. Fasst man den Begriff Werbung aber etwas weiter und versteht ihn ganz generell als ein Mittel der Beeinflussung potenzieller Abnehmer, ergeben sich diverse Möglichkeiten, auch sehr spezifische und unprätentiöse Erzeugnisse den in Frage kommenden Abnehmern näher zu bringen. Über Anzeigenwerbung und Fernseh-Spots hinaus gibt es die verschiedensten Methoden, um mögliche Kunden auf sich aufmerksam zu machen und für sich einzunehmen. Dazu können Auftritte in Fachtagungen zählen, Interviews in Branchenmedien oder einfach gut organisierte Pressekonferenzen.

Notwendige Aktion: Analyse der Möglichkeiten, mit werblichen Maßnahmen (im weiteren Sinn) die anvisierten Abnehmer positiv einzustimmen. Definition der erfolgversprechenden Aktionen. Ausarbeitung gezielter Aktivitäten mit Kosten- und Zeitplan.

d) Überprüfung der Ergebnisse

(1) Plan-/Ist-Vergleich

Die Aktivitäten der Einführung eines neuen Produkts beschränken sich keineswegs nur auf die Vorbereitung und Durchführung der dafür notwendigen Maßnahmen, sondern natürlich auch auf die spätere Ergebniskontrolle und die eventuelle Einleitung von verbesserten oder verstärkenden Maßnahmen. Der verantwortungsbewusste Product Manager wird daher weiter aktiv bleiben und die in Gang gesetzten Maßnahmen genau beobachten und analysieren, inwieweit die geplanten Verkaufszahlen erreicht wurden, ob stärkere Abweichungen aufgetreten und worauf diese zurückzuführen sind.

Ergebnisprüfung: Nach produkt- und marktspezifisch sinnvoller Zeit Analyse der Verkaufsergebnisse. Auflistung der Planabweichungen. Erforschung der Gründe.

(2) Kundenresonanz und -reaktionen

Im Rahmen der Nacharbeit ist es sehr angebracht, dass der Product Manager ausgewählte Kunden besucht, um sie nach ihrer Einstellung und ihren Erfahrungen mit dem neuen Produkt zu befragen. Dabei ist es angebracht, nicht nur mit den Firmenchefs zu sprechen, sondern auch die Meinung von Mitarbeitern auf nachgeordneten Hierarchiestufen einzuholen. Denn häufig erhält der Lieferant hier mehr realitätsbezogene und damit brauchbarere Informationen als vom Chef selbst, dessen Interessen oft mehr auf dem strategischen und firmenpolitischen Gebiet als beim Produkt selbst liegen.

Ergebnisprüfung: Besuch von Kundenfirmen. Erforschung der Einstellung zu Produktmerkmalen und -leistungen. Schriftliche Zusammenfassung der Ergebnisse.

(3) Kannibalisierungseffekte

Es wurde mehrfach erwähnt, dass durch die Einführung neuer Produkte der Absatz bestehender Erzeugnisse verringert werden kann, weil die neuen Produkte an Stelle der alten erworben werden. Diese Kannibalisierung kann für das verkaufende Unternehmen nachteilig sein. Daher soll der Product Manager im Rahmen der Nacharbeit auch diesem Gesichtspunkt Aufmerksamkeit schenken und ihn in seinen Kundengesprächen entsprechend berücksichtigen.

Ergebnisprüfung: Gezielte und direkte Befragung der Kunden nach Produkteinschätzung und Kaufmotiven. Erforschung der Einstellung der Kunden zur Position des Produkts im gesamten Sortiment. Feststellung der Neigung, das neue Produkt anstelle bisher bezogener zu kaufen und einzusetzen.

(4) Korrigierende und ergänzende Maßnahmen

Die Arbeit des Product Managers bei der Einführung eines neuen Produkts findet ihren Abschluss in der Entwicklung von Maßnahmen, mit denen Schwächen und Mängel der Neuheit verringert und seine Stärken weiter verbessert werden können. Dabei sind von ihm alle Phasen zu untersuchen, die das neue Produkt von der Herstellung bis zum Einsatz beim Kunden durchläuft. Und wo immer Störungen auftreten, soll er die Ursachen klären und Verbesserungsmaßnahmen einleiten. Sei es, dass Produkt- und Anwendungsbeschreibungen nicht voll verständlich sind oder dass Abnehmer Probleme beim Einsatz des neuen Erzeugnisses haben und dadurch unbefriedigende Ergebnisse erzielen: Jede gezielte Verbesserungsmaßnahme fördert den nachhaltigen Erfolg der Neuheit im Markt.

Der Product Manager soll sein Augenmerk aber nicht nur auf die unbefriedigenden Vorgänge richten, sondern mit gleicher Intensität registrieren, wo das neue Produkt positive Resonanz findet, worin diese besteht und wie sie weiter verstärkt werden kann. Die Beschäftigung mit diesem Aspekt kann sogar zu dem Ergebnis führen, dass für Kunden besonders attraktive Eigenschaften des neuen Produkts auch auf bisher schon im Markt befindliche Erzeugnisse übertragen werden, wodurch diese zukünftig noch intensiver nachgefragt werden.

Ergebnisüberprüfung: Analyse des gesamten Produktdurchlaufs (von der Herstellung bis zur Verarbeitung beim Kunden) nach möglichen Schwachstellen. Ursachenerforschung der Mängel und Einleitung von Verbesserungsmaßnahmen. Übertragung besonders positiver Merkmale der Neuheit, wo immer möglich, auf andere, bereits existierende Produkte.

(5) Modifikationen, Erweiterungen und Einschränkungen

Nach Abschluss der gesamten, sehr umfangreichen Einführungsarbeiten soll sich der Product Manager keineswegs von dem neuen Produkt abwenden, sondern es sehr konzentriert weiter beobachten und pflegen. Denn ein Produkt, seine Verpackung, seine Handhabbarkeit, seine Einsatzmöglichkeit, seine Ergiebigkeit und, ganz allgemein gesagt, seine Attraktivität für den Kunden kann – und muss – immer weiter verbessert werden. Und damit wird die Pflege des neuen Produkts zu einem Teil der normalen Tätigkeit des Product Managers, die unter anderem darin besteht, laufend im Vertriebsprozess daran zu arbeiten, die Stärken des Angebots zu erhöhen und die Schwächen abzubauen.

e) Checkliste „Einführung neuer Produkte“

- Aus welchem Grund soll das neue Produkt in den Markt eingeführt werden?
- Welcher Effekt und welches Ergebnis wird damit angestrebt?
- Wie passt das Produkt in die bestehende Palette?
- Worin bestehen die Anwendungen des neuen Produkts?
- Worin liegt sein spezieller Nutzen für den Kunden?
- Wie werden es die Kunden einschätzen und voraussichtlich auf die Einführung reagieren?
- Wie steht es im Verhältnis zu den Mitanbietern?
- Bietet der Wettbewerb ein entsprechendes Produkt?
- Mit welchem Erfolg?
- Wann exakt soll das Produkt den Kunden angeboten werden?
- In wieviel verschiedenen Ausführungen soll es eingeführt werden?

- Wer trifft diese Entscheidung? Aufgrund welcher Überlegungen?
- In welcher Form (Liefereinheit) und welcher Verpackung soll das neue Produkt in den Markt eingeführt werden?
- Wer wird für den Kundendienst verantwortlich sein?
- Sind diese Mitarbeiter mit dem neuen Produkt vertraut?
- Wer führt wann für sie Trainings durch?
- Wann wird das Produkt technisch „fertig“ sein?
- Wie lauten die Verkaufspreise?
- Wer ermittelt, wer genehmigt sie?
- Wie lauten die prognostizierten Absatzmengen?
- Wer hat diese Zahlen erarbeitet? Erscheinen sie realistisch?
- Sind sie gefühlsmäßig eher zu hoch oder zu niedrig?
- Ist sichergestellt, dass planmäßig geliefert werden kann?
- Wo liegt das maximale Liefervolumen, wenn die Nachfrage weit über die Erwartungen hinausgeht?
- Welche Tests sind vor der tatsächlichen Markteinführung mit dem Produkt durchzuführen?
- Wer testet was? In welcher Zeit? Bis wann?
- Welche schriftlichen Unterlagen (Produktinformationen, Verarbeitungshinweise, Preisangaben usw.) werden benötigt?
- In welcher Form wird die Neuheit im Internet dargestellt?
- Wie lautet die Zeitplanung für die Vorbereitung und Herstellung dieser Unterlagen und die Ergänzung der Website?
- Wer ist für die Herstellung der Unterlagen und die Arbeiten an der Website verantwortlich? Wer prüft sie auf Richtigkeit?
- Wie und wann wird der Verkauf über die Produkteinführung informiert? Wer trägt dafür die Verantwortung?
- Wie und wann werden andere interne Stellen, die mit dem neuen Produkt zu tun haben werden, informiert?
- Wer sind diese Personen/Abteilungen?
- Wer ist für die Information verantwortlich?
- Mit welchen Maßnahmen soll das neue Produkt im Markt bekannt gemacht werden?
- Welche Art von Werbung und Öffentlichkeitsarbeit ist geplant?

10. Der Umgang mit dem Wettbewerb

Weiter oben wurde gesagt, dass das Wesen des Marketing darin besteht, das Angebot zu beschreiben und es einem genau definierten Markt zuzuführen. Dazu stehen dem Product Manager eine Vielzahl verschiedener Instrumente zur Verfügung. Bevor er sich aber im Einzelnen mit ihnen beschäftigt, hat er sich einem Marktfaktor zuzuwenden, der entscheidenden Einfluss auf seine gesamten Marketing-Strategien und -Maßnahmen nehmen kann. Gemeint ist der Wettbewerb.

Im Wesentlichen sind es drei Fragen, die in diesem Zusammenhang relevant sind:

(1) Warum kann der Product Manager den Wettbewerb nicht vernachlässigen?
(2) Was muss der Product Manager über den Wettbewerb wissen?
(3) Wie verhält sich der Product Manager gegenüber dem Wettbewerb?

Die Mitanbieter spielen für die Arbeit des Product Managers eine so große Rolle, weil sie schließlich genau die gleichen Ziele verfolgen wie er: Auch sie wollen bestimmte Firmen von den Vorzügen ihres Angebots überzeugen, um sie zu – möglichst dauerhaften – Kunden zu machen. Es ist ganz natürlich, dass sich die anbietenden Firmen daher nicht nur auf ihre anvisierten Abnehmer konzentrieren müssen, sondern auch stets sehr aufmerksam zu beobachten haben, was andere Anbieter unternehmen, um gleichartige Ergebnisse zu erzielen.

a) Die Analyse der Mitbewerber

Bei der Erforschung der Mitanbieter ist zunächst von Interesse, wieviel Konkurrenten im Markt tätig sind und worin ihre wesentlichen Merkmale liegen. Das beginnt schon mit der Frage nach ihrer Unternehmensverfassung: Sind es unabhängige Firmen oder gehören sie zu einem Verbund oder agieren sie unter dem Dach einer Holding? Gibt es unter den Wettbewerbern den allseits anerkannten, wer spielt sonst noch eine hervorgehobene Rolle und aus welchem Grunde? Natürlich muss auch untersucht werden, welches Distributionssystem die Konkurrenz benutzt und ob sich daraus Vorteile ergeben und worin diese bestehen.

1. Wettbewerbsanalyse

- Anzahl der im Markt tätigen Mitanbieter
- Struktur, Größe und Bedeutung
- Konzernzugehörigkeit und Kooperationen
- Distributionssysteme
- Preis- und Rabattstrategien
- Außendienst und technischer Service

Um sich bei der Arbeit der Wettbewerbsanalyse nicht zu verzetteln, soll sich der Product Manager auf die wesentlichen, marktbeeinflussenden Mitbewerber beschränken. Dazu zählen naturgemäß alle Firmen mit großem Umsatzvolumen, aber auch kleinere Anbieter, wenn sie beachtliche, maßstabsetzende Produkte vertreiben. Bei diesen Gesellschaften gilt es herauszufinden, wo die spezifischen Stärken und Schwächen liegen, was sie im Einzelnen wirklich anbieten und liefern und wie sie in Marketing und Verkauf personell ausgestattet sind. Des Weiteren soll erforscht werden, wo bei diesen Firmen die Produktschwerpunkte liegen und darüber hinaus möglichst auch, in welcher Richtung dort geforscht und entwickelt wird.

2. Wettbewerbsanalyse

- Produktpalette und Spezialitäten
- Stärken und Schwächen des Angebots
- Know how in der Fertigung
- Produktentwicklungen

Das immer währende Interesse des Product Managers an seinen Konkurrenten muss unbegrenzt sein: Auch die Güte ihrer Beziehungen zu den Abnehmern im Markt, die Leistungsfähigkeit und Kompetenz des Verkaufspersonals und letztlich auch die persönlichen Beziehungen auf höherer Ebene zwischen den wesentlichen Mitanbietern und den wichtigen Abnehmern ist für die Gesamteinschätzung des Marktgeschehens von großer Bedeutung.

Informationen über den Wettbewerb

- schaffen Klarheit über die eigene Marktposition,
- geben Hinweise auf eigene Stärken und Schwächen,
- helfen bei der Argumentation im Kundengespräch.

b) Die Marktposition

Jeder Anbieter hat es im Markt grundsätzlich mit zwei Parteien zu tun: dem Abnehmer und dem Wettbewerber. So spielt sich das gesamte Geschehen insgesamt zwischen drei Positionen ab.

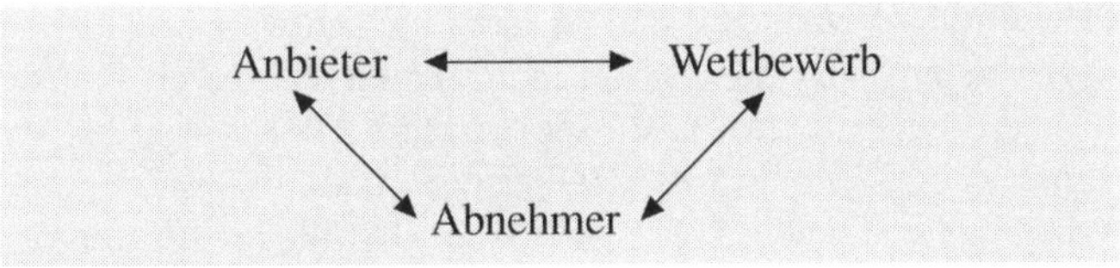

Abb. 1: Die Marktteilnehmer

In den heutigen überversorgten Märkten gleichen sich die angebotenen Produkte mehr und mehr, und es wird für die Anbieter dadurch immer schwerer, Kunden dauerhaft an sich zu binden. In dem Bestreben, überhaupt noch Umsatzzuwächse zu erzielen, expandieren die Anbieter zunehmend in Nachbarmärkte, wodurch die Konkurrenzsituation weiter verschärft wird. Aufgrund dieser Entwicklung ist es ganz natürlich, dass alle Aktionen der Lieferfirmen in einem Markt von den Mitanbietern sehr kritisch beobachtet werden: Jeder ist bemüht, seinen Anteil am Markt zu halten, und er wird alles in Bewegung setzen, wenn er feststellt, dass andere ihm zu nahe kommen. Die Auswirkungen dieser Abläufe sind für den Product Manager eine alltägliche Erscheinung. Gibt er nicht ständig Acht, was der Wettbewerb wo und wie unternimmt, wird sein eigener Umsatz schnell zurückgehen. Hier wird von ihm permanent höchste Aufmerksamkeit und strategisch kluges Vorgehen verlangt.

Effektives Product Management bedeutet, alle absatzrelevanten Vorgänge zu analysieren und sich mit geeigneten Maßnahmen auf sie einzustellen. Blauäugiges und vertrauensvolles Anpreisen von Produkten, die man für stark und im Wettbewerb überlegen hält, zieht heute nicht mehr. Die Attraktivität eines Produkts oder einer Leistung wird ganz entscheidend auch von den beiden anderen Marktpartnern – dem Kunden und dem Wettbewerber – mit beeinflusst. Darum ist nicht nur der ständige enge Kontakt zum Kunden so wichtig, sondern auch die Beobachtung der Aktionen des Wettbewerbs.

c) Eigene Stärken und Schwächen

Gute Product Manager sind in der Lage, ihre Leistungen so darzustellen, dass sie dem Kunden einen sichtbaren Nutzen bringen. Handeln sie dabei wie wirkliche Profis, werden sie ganz systematisch und überlegt vorgehen, um möglichst große Wirkung zu erzielen. Lassen sie dabei aber die Leistungen des Wettbewerbs außer Acht, sei es aus Lässigkeit oder weil es sie einfach nicht interessiert, verpuffen oft die schönsten Argumente. Denn das Anpreisen von Vorzügen, die im Markt längst bekannt sind, weil sie schon von anderen Herstellern angeboten werden, lassen das Interesse auf Kundenseite sofort erlöschen und führen höchstens zu unerquicklichen, vergleichenden Überlegungen, die für den Neuanbieter zumeist negativ ausgehen, da sich der potenzielle Abnehmer in seiner Fachkenntnis von einem Newcomer weder verunsichern noch beeinflussen lässt.

Mangelhafte Kenntnisse über den Wettbewerb führen oft zu wenig erfreulichen Situationen bei den Kunden, weil diese sich schlecht beraten fühlen. Argumentiert der Product Manager an den Marktrealitäten vorbei, beweist er damit, dass er schlecht über die Mitanbieter informiert ist. Er muss sich dann vom Kunden nicht selten Sätze anhören wie: „Wie können Sie denn diese Behauptung aufstellen? Wissen Sie denn gar nicht, was im Markt los ist? Haben Sie keine Vorstellung, was andere anbieten und leisten?“

Erfahrene Product Manager wissen: Mangelhafte Kenntnisse über den Wettbewerb haben negativen Einfluss auf das Image beim Kunden. Man kann so weit gehen zu sagen, dass sich die Attraktivität und Stärke eines Angebots eigentlich erst im Vergleich zu den Leistungen der anderen Anbieter ergibt. Denn der Kunde sieht die Merkmale eines Produktangebots nicht mit den oft voreingenommenen Augen des Anbieters, sondern viel objektiver und distanzierter, viel kühler und skeptischer. Unter diesem Gesichtspunkt ist es höchst angebracht, immer auch die Leistungen der Konkurrenten genau zu beobachten, sich mit ihnen in aller Ruhe zu vergleichen, und dann erst die Vorzüge des eigenen Angebots zu formulieren und dem Kunden zu präsentieren. Dies gilt für Stärken und Schwächen gleichermaßen.

Zur Vermeidung von Missverständnissen muss hier noch auf einen besonderen Gesichtspunkt eingegangen werden. Das eigene Produktangebot immer unter Berücksichtigung der Leistungen der Wettbewerber zu präsentieren, ist ohne Zweifel angebracht, weil man so beim Kunden insgesamt besser ankommt. Die vergleichende Darstellung soll aber nie so weit gehen, dass man sich bewusst niedriger einstuft, wenn man festgestellt hat, dass andere Anbieter in irgendeinem Punkt besser sind. Die Berücksichtigung der Lieferprogramme von Wettbewerbern soll nur ein Maßstab für strategisch kluges Vorgehen bilden und der Verkäufer soll seine täglichen Kundenkontakte möglichst genau darauf einstellen.

Präzise Informationen über den Wettbewerb

↓

Aufschluss über die eigene Marktstellung

↓

Formulierung einer schlagkräftigen Marketingstrategie

Abb. 2: Der Wettbewerb als Teil der Marketingstrategie

Man kann ohne weiteres behaupten, dass die Einbeziehung der Wettbewerbsleistungen dem eigenen Auftritt vor dem Kunden geradezu eine zweite Dimension verleiht. Denn man spricht nicht mehr allein vom eigenen Programm, sondern man reflektiert es im Bild des Wettbewerbs. Dabei können in der Argumentation beim Kunden die verschiedensten Register gezogen werden. Der Verkäufer kann sowohl Stärken anderer Anbieter bewusst anerkennen und dann argumentieren, dass das eigene Angebot diesen weit überlegen ist; er kann aber auch gezielt Schwächen der Konkurrenz betonen, um eigene Werte umso einleuchtender darzustellen. Den Wettbewerb aktiv ins eigene Verkaufsgespräch einbinden – das ist die Kunst des guten Verkäufers und ein wesentlicher Teil professionellen Product Managements.

11. Die Wettbewerbsstrategie des Product Managers

In den vorigen Abschnitten wurde an verschiedenen Beispielen gezeigt, warum Kenntnisse über den Wettbewerb wichtig sind und auf welchen einzelnen Gebieten der Product Manager Informationen beschaffen soll, um unter den Konkurrenzbedingungen nicht ins Hintertreffen zu geraten. Des Weiteren wurden Hinweise gegeben, warum das Wissen über den Wettbewerb nützlich ist und dass es zum eigenen Vorteil im Kontakt mit Kunden eingesetzt werden kann.

Der Product Manager darf sich aber keinesfalls damit zufrieden geben, die Stärken und Aktivitäten anderer Anbieter zur Kenntnis zu nehmen und sie, wenn immer möglich, bei seinen eigenen Marktaktionen zu berücksichtigen. Professionelle Product Manager sehen im Wettbewerb – wie zu Anfang dieses Kapitels festgestellt – den ganz entscheidenden Faktor für ihren eigenen Markterfolg. Denn er bedeutet nicht nur eine starke Behinderung für die Ausweitung des Verkaufsvolumens, sondern aktive und einfallsreiche Konkurrenten können auch bewirken, dass schwache Mitanbieter total vom Markt verdrängt werden. Aus diesen Gründen darf der Product Manager den Wettbewerb nicht lediglich zur Kenntnis nehmen, sondern er muss sich voll auf ihn konzentrieren und ganz gezielt und permanent gegen ihn vorgehen.

Ständig sind die Abnehmer auf der Suche nach günstigeren Angeboten, und sie haben daher für alle attraktiv erscheinenden Neuheiten immer ein offenes Ohr. Wer diese Mechanik des marktwirtschaftlichen Systems nicht versteht oder vernachlässigt, wird auf Dauer in seiner Vertriebstätigkeit keine befriedigenden Ergebnisse erzielen. Oder in anderen Worten: Die Chancen des Anbieters im Markt werden nicht nur von der Attraktivität seines Angebots bestimmt, sondern auch von den Leistungen der Wettbewerber.

a) Die Grundlagen des praktischen Vorgehens

Jedes verkaufende Unternehmen hat es im Markt grundsätzlich mit zwei Parteien zu tun: Dem Abnehmer und dem Mitanbieter. Sein Verkaufserfolg hängt daher entscheidend davon ab, wie er sich in diesem Feld behaupten kann. Um gegen die Wettbewerber zu bestehen, muss der Product Manager die folgenden Fragen zu klären versuchen:

1. Was haben wir zu bieten?
2. Was leisten andere Anbieter?
3. Was erwartet der Kunde?
4. Worin liegen unsere Stärken und Schwächen?
5. Wie können wir die bestmögliche Übereinstimmung zwischen unserem Angebot und den Erwartungen der Kunden herstellen?

Die aktive Beschäftigung mit dem Wettbewerb erfordert vom Product Manager viel Zeit und Aufwand. Er wird diese Arbeit daher nur aufwenden, wenn er es in seinem Markt mit wirklich gleichartigen Anbietern zu tun hat, also Firmen, die mit ganz ähnlichen Produkten und Leistungen tätig sind und die im Blick der Abnehmer ähnlich angesehen und präferiert werden wie er selbst. Unter diesem Aspekt werden bei der Analyse der Frage „Was erwarten die Kunden?" nicht einzelne Produkte und ihre Leistungswerte im Vordergrund stehen, sondern andere Eigenschaften, die einen Lieferanten auszeichnen.

Wesentliche Entscheidungskriterien können sein:

- Lieferflexibilität
- Internationalität
- Verarbeitungstraining
- Just-in-time-Lieferung
- Schnelle technische Hilfe
- Reklamationskulanz
- Mitarbeitertraining
- Innovationskraft
- Reaktion auf Kundenbedarf
- Technologische Führerschaft

Im Rahmen der Wettbewerbsstrategie gehört es zu den wesentlichen Aufgaben des Product Managers, durch kontinuierliche Kontakte zu den Kunden über die hier genannten Punkte und eventuell weitere Aspekte Aufschluss zu gewinnen. An anderer Stelle (Strategisches Vertriebsmanagement, Heidelberg 1997, S. 31 ff.) habe ich zur Vorgehensweise bei diesen Recherchen diverse, konkrete Hinweise gegeben.

b) Einkaufskriterien kategorisieren

Um mit diesen Angaben effektiv arbeiten zu können, ist es sinnvoll, sie schriftlich zu fixieren und in eine Reihenfolge nach ihrer Bedeutung zu bringen. Ziel ist dabei, ein ganz deutliches Bild von den Wertvorstellungen des Kunden zu gewinnen, und zwar aus zwei Gründen: Erstens, um sich selbst möglichst genau auf dieses Anforderungsprofil einstellen zu können, zweitens aber auch, um zu sehen, wie der Wettbewerb mit seinen Leistungen den Abnehmerforderungen entspricht. Und aus dem Vergleich dieser drei Größen ergibt sich dann für den Product Manager die Grundlage für die Entwicklung einer gezielten Wettbewerbsstrategie.

Tab. 1: Vergleichende Darstellung von Kundenforderungen und Leistungsfähigkeit der Lieferanten

Kunden-forderung	Ge-wicht	Unsere Leistung Gewicht	Wettbewerber 1 Gew.	2 Gew.	3 Gew.	4 Gew.	5 Gew.
1. Flexibilität	10	6	8	4	10	2	8
2. Training	3	8	8	4	6	4	3
3. Techn. Hilfe	8	4	8	2	2	6	7
4. Just-in-time	10	10	3	5	10	6	2
5. Innovation	2	8	4	5	9	2	1

(Gewicht: 10 = sehr hoch – 1 = sehr gering)

Wie sinnvoll und nützlich es ist, die Kriterien des Kunden und die Leistungen der Anbieter gegenüberzustellen, zeigt diese fiktive Darstellung. Aus ihr geht eindeutig hervor, dass für den betreffenden Abnehmer Flexibilität (1.) und die Fähigkeit zu Just-in-time-Lieferungen (3.) eindeutig die wichtigste Rolle spielen, gefolgt von dem Bedarf an schneller technischer Hilfe (3.). Innovation (5.) und Training (2.) sind für diese Firma dagegen weniger bedeutsam.

Vergleicht man diese Anforderungen mit dem Leistungsvermögen der Anbieter, wird deutlich, dass Wettbewerber Nummer 3 in zwei Punkten die Kundenbedürfnisse ideal erfüllt (1. und 4.), während er bei der technischen Hilfe einen schlechten Wert zeigt. Die eigene Position ist demgegenüber deutlich schwächer, weil mit Ausnahme von zeitgerechter Belieferung (Punkt 4./Just-in-time) keine Kundenforderung exakt erfüllt wird. Demgegenüber zeigt unser Unternehmen bei 2. und 5. gute und sehr gute Werte, die aber im Kundenbetrieb nicht so hoch eingeschätzt werden. Auch Anbieter Nr. 3 bietet bei zwei Kriterien (1. und 4.) beste Gewichtungen, liegt allerdings bei Punkt 3 (Technische Hilfe) weit hinter den Kundenerwartungen.

Bedeutung haben die Aktivitäten der Wettbewerber in zweierlei Hinsicht:

1. Objektiv: Was sie tatsächlich zu bieten haben.
2. Subjektiv: Wie die Leistungen vom Kunden eingeschätzt werden.

c) Übereinstimmung des Angebots mit den Kaufkriterien

Der offene und unvoreingenommene Vergleich der eigenen Leistungen mit denen des Wettbewerbs gibt konkrete Hinweise zu den folgenden Punkten:

1. Realistische Einschätzung der eigenen Wettbewerbsposition.
2. Taktisch effektives Vorgehen im Kundengespräch.
3. Verringerung von Einwänden im Kundenkontakt.
4. Generelle Vorgehensweise in der Wettbewerbssituation.

Wie bereits erwähnt, erfordert die Erforschung der Hintergründe für Beschaffungsentscheidungen in den Kundenunternehmen erheblichen Aufwand, einen langen Atem und ein vertrauensvolles, diskretes Vorgehen. Lieferanten, die ein persönlich gutes Verhältnis zu ihren Abnehmern unterhalten, finden es in der Regel nicht besonders schwer, an diese Informationen heranzukommen. Man ist aufgeschlossen und vertraut sich gegenseitig, weil man weiß, dass Klarheit über diese wichtigen Tatsachen für beide Seiten nur vorteilhaft ist. Die Aufnahme der Informationen aus der Kundenfirma wird oft nur dadurch erschwert, dass der Gesprächspartner von der Lieferantenseite wenig Übung darin hat, gezielt zu fragen und gut zuzuhören. Es empfiehlt sich daher, dass er hin und wieder mit Kollegen oder Freunden diese Fertigkeiten mit einem kleinen Spiel übt.

ÜBUNG:
Erforschung der Kriterien für die Kaufentscheidung.

Zwei Partner befragen sich gegenseitig nach den Kriterien, die bei einer größeren Entscheidung im privaten Bereich wichtig sind. Mögliche Fälle: Hauskauf, Erwerb eines Autos, Urlaubsreise oder anderes. Wichtig ist, dass die Partner unterschiedliche Fälle wählen. Die Befragung soll etwa 15 Minuten dauern. Der jeweils Befragte soll offen antworten, aber nur die Informationen liefern, nach denen er ausdrücklich befragt wurde. Die Antworten werden von beiden Partnern notiert und in eine Skala in der Reihenfolge von 100 (sehr wichtig) bis 1 (völlig unwichtig) eingetragen. Nach Ablauf der zweimal 15 Minuten vergleichen die Partner ihre Eintragungen und stellen dabei fest, inwieweit ihre Einstufungen übereinstimmen bzw. voneinander abweichen.

d) Konsequenzen aus der Kundenübereinstimmungsanalyse

Die vergleichende Darstellung von Kundenforderungen und Lieferantenpotenzial, die oben als fiktiver Fall dargestellt wurde, wird in der Realität des Wirtschaftslebens häufig ein ähnliches Bild zeigen: Manchen perfekten Übereinstimmungen werden eklatante Disharmonien gegenüberstehen. Zudem wird das analysierende Unternehmen feststellen, dass es in vielen wichtigen Fällen schlechter abschneidet als mancher Konkurrent. Diese Erkenntnisse sind für den Product Manager sehr nützlich, und sie erfordern unmittelbare Einflussnahme. Worin sollte diese bestehen?

Eigene Stärken definieren und weiter verbessern

Es ist eine alte Lebenserkenntnis, dass man sich bei der Überlegung, wie eine Leistung verbessert werden kann, zunächst auf die vorhandenen Stärken konzentrieren soll. Denn die weitere Intensivierung eines bereits bewiesenen Könnens bringt viel schneller und mit größerer Gewissheit Erfolg als das Laborieren auf Gebieten, auf denen bisher lediglich Durchschnittsleistungen erzielt wurden.

Dieser Tatbestand soll den Product Manager aber nicht dazu verleiten, Aktivitäten auf Sektoren zu entwickeln, die bereits die volle Zustimmung des Abnehmers finden (s. oben z.B. Punkt 4. Just-in-time). Das bereits Gute weiter zu verbessern soll ihn vielmehr dazu veranlassen, die in seiner Firma vorhandenen positiven Leistungsmerkmale gezielt einzusetzen, um auf den bisher weniger perfekt beherrschten Gebieten Fortschritte zu realisieren.

Schwächen des eigenen Angebots formulieren und an Verringerung arbeiten

Keineswegs darf der Product Manager natürlich zu der Auffassung gelangen, dass die Reduzierung oder Beseitigung von Schwächen erheblichen Aufwand erfordern und daher auf die lange Bank geschoben werden können. Im obigen Beispiel liegt die Qualität der Technischen Unterstützung bei der Hälfte des vom Kunden erwarteten Niveaus. Hier ist es höchst angebracht und notwendig, gezielt an Verbesserungen zu arbeiten.

Produktweiterentwicklungen im Kundeninteresse

Ein sehr gutes Mittel, um im Blick des Kunden einen stärkeren Eindruck zu machen, kann auch in der gezielten Entwicklung von Produkten und Leistungen liegen, die ganz spezielle Bedürfnisse einzelner Kunden lösen.

Aktive Nutzung von Referenzen

Wenn Abnehmer der Ansicht sind, dass ein Lieferant nicht in Frage kommt, weil er bestimmte Anforderungen nicht erfüllt, kann die Präsentation gut ausgearbeiteter Referenzobjekte Wirkung zeigen. Denn der Beleg, dass die Lieferfirma namhaften Unternehmen nachweisbar brauchbare Problemlösungen bieten konnte, hat immer eine positive Wirkung. Das Schwergewicht sollte dabei auf dem Begriff „Lösung“ liegen, weil mit der Referenz nicht lediglich ein wohlbekannter Name vorgeführt, sondern das Leistungsvermögen in ganz speziellen Fällen demonstriert werden soll. Dabei soll der Product Manager aber nie den folgenden Grundsatz vergessen: Das wichtigste Thema ist der Kunde, nicht der Wettbewerb.

Hier wurden einige grundsätzliche Methoden genannt, die der Product Manager anwenden kann, wenn sich sein Unternehmen in einer dem Wettbewerber unterlegenen Position befindet. Die Entwicklung dieser Mittel liegt überwiegend in seiner eigenen Verantwortung, sie werden intern durchgeführt und mit dem Kunden nicht direkt diskutiert. Was unternimmt der Product Manager aber, wenn er oder seine Verkäufer gezwungen sind, im persönlichen Kontakt die eigene, schwache Position zu begründen und zu verteidigen? Wie gehen sie vor, wenn der Kunde konkrete Mängel anführt und nachweist, dass der Wettbewerber auf dem betreffenden Gebiet einfach besser ist?

e) Sinnvolles Verhalten in schwacher Wettbewerbsposition

Sechs Empfehlungen für den Product Manager:

1. Vermeiden Sie direkte Vergleiche.

Wenn ein Kunde die speziellen Leistungen eines Wettbewerbers hervorhebt und gleichzeitig behauptet, dass das anbietende Unternehmen dazu nicht in der Lage sei, sollte der mit dieser Behauptung konfrontierte Product Manager bzw. Verkäufer keine direkten Vergleiche anstellen. Konkrete Erwiderungen wie „Aber Herr Kunde, wir können Ihnen doch auch X-Teile in der Ausführung Y liefern, die speziell auf Z geprüft sind“ wecken bei dem Gesprächspartner oft nur Widerspruch, weil er sich seiner Ansicht sicher ist und sich nicht fehlendes Wissen vorwerfen lassen möchte. Um Auseinandersetzungen und eventuell unergiebigen Streit zu vermeiden, ist es in diesen Fällen viel angebrachter, nur ganz allgemein gewisse Schwächen zuzugestehen.

2. Vermeiden Sie Rechtfertigungen und Schuldzuweisungen.

Beklagen Kunden schlechte Leistungen Ihrer Firma, ist es – wie im täglichen Leben – nie günstig, mit vielen Worten zu versuchen, den Schaden „herunterzureden“ oder irgendwie zu rechtfertigen. Auch das Anführen möglicher Ursachen für die Schlechtleistung führen in aller Regel nicht zu einer Beseitigung der Verstimmung des Kunden. Noch weniger hilft es, anderen die Verantwortung zuzuschieben und so zu versuchen, sich selbst reinzuwaschen.

3. Ergreifen Sie konkrete Maßnahmen.

Die beste Methode, um Vorwürfe von Kunden auszuräumen, ist ihre offene Aufnahme und die sofortige Veranlassung von Korrekturmaßnahmen. Dabei ist es angebracht, die Kundenbeschwerde zunächst noch einmal in kurzen Sätzen zusammenzufassen, dazu die Zustimmung des Kunden einzuholen und dann sofort konkrete Maßnahmen anzukündigen und in Gang zu setzen.

4. Nehmen Sie Einfluss auf die Beschaffungskriterien.

Lieferanten sollen im Kundengespräch nicht immer nur eine ehrfurchtsvolle Haltung einnehmen, sondern sie sollen bei Gelegenheit auch die Initiative ergreifen und dem Gesprächspartner die Überprüfung seines Einkaufsverhaltens anraten. Damit ist gemeint, dass der Product Manager bzw. Verkäufer versuchen soll, auf die Kriterien Einfluss zu nehmen, die im Kundenunternehmen für Beschaffungen Maßstab sind, um sie durch plausible Argumente in seinem Interesse zu verändern. („Herr Kunde, haben Sie schon einmal bedacht, dass Sie aufgrund unseres Auftrag-Produktion-Logistik-Systems in den letzten fünf Jahren noch nie die geringste Lieferverzögerung erlebt haben?")

5. Analysieren Sie den Grundbedarf und offerieren Sie Alternativen.

Wenn der Kunde bemängelt, dass ein Unternehmen nicht über die nötige Lieferflexibilität verfügt, kann das Fragen nach der Notwendigkeit dieser Leistungsfähigkeit Bedürfnissse offenbaren, die auch mit anderen Mitteln zu erfüllen sind. Denkbar wäre in dem genannten Fall zum Beispiel, dass der Lieferant anbietet, zu-künftig Zwischenlager zu unterhalten, die den jeweils unvor-hersehbaren Bedarf abdecken.

6. Nutzen Sie alle Chancen, um Ihre Stellung zu verbessern.

Zusammenfassend wird empfohlen, in jedem Fall – egal, ob die eigene Position stark oder schwach ist – mit ganz gezielten

Argumenten vorzugehen, um sich gegenüber dem Wettbewerb zu behaupten bzw. die eigene Lage zu verbessern.

f) Empfohlenes Vorgehen im direkten Kundenkontakt

Verfügt ein Anbieter über eine *starke Stellung*, kann er mit verschiedenen Argumenten seine Position noch weiter verbessern. Dazu zählen:

- Den Kunden in der Wichtigkeit des Kaufkriteriums bestärken und bekräftigen.
- Die eigene Stärke durch gezielte Fragen weiter ausbauen: („Herr Kunde, warum ist für Sie eigentlich die Qualität der .... so wichtig?").
- So genannte „weiche" Faktoren, wie zum Beispiel die Lieferqualität, durch harte Tatsachen belegen (Verfügbarkeit von Ersatzteilen, Erreichbarkeit von Spezialisten, Mitarbeiterkompetenz).
- Mit Deutlichkeit auf die Wirkung der Nichterfüllung von Werten anderer Lieferanten hinweisen.

Ist ein Anbieter in einer eher *schwachen Position*, kann er mit diversen Aussagen und Feststellungen dem entgegenarbeiten. Dazu zählen:

- Niedrig angesetzte Kriterien durch gezielte Fragen anheben, um das schwache eigene Merkmal in der Bedeutung zu relativieren.
- Dem Kunden beweisen, dass die Erfüllung eines wichtigen Kriteriums auch Probleme bringen kann und dem die eigene Leistung gegenüberstellen.
- Den Kunden dazu bringen, ein Kriterium anders zu interpretieren, damit es zu erfüllen ist. Zum Beispiel indem man den Begriff „Preis" durch den Ausdruck „Besitzkosten über Jahre" ersetzt.
- Den Grundbedarf des Kunden analysieren und ein alternatives Angebot präsentieren (z.B. Lieferfähigkeit gegen Konsignationslager).

- Die eigenen Stärken betonen, nicht die Schwächen des Wettbewerbs.
- Nur allgemein die Schwächen des Wettbewerbs erwähnen, damit der Kunde sich nicht genötigt fühlt, die Stärken des Mitanbieters hervorzuheben.
- Versuchen, stark wirkende Vorteile des Wettbewerbs zu relativieren, indem z.B. der Arbeitsgeschwindigkeit einer Maschine spezielle Vorarbeiten, Kontrollen und Überwachungen zugerechnet werden.
- Einwände gegen den Wettbewerber provozieren. („Bezahlen Sie nicht zu viel für Leistungen, die Sie in dieser Form gar nicht benötigen?").
- Den Kunden dazu bringen, das als unwichtig eingeschätzte Kriterium höher zu werten.
- Durch gezielte Fragen auf den Kunden einwirken, über eine andere Einschätzung der Beschaffungskriterien nachzudenken.

12. Wirksame Kundenkommunikation durch optimale Verkaufsdokumente

Ein Unternehmen kann sich im Markt nicht darstellen und behaupten, wenn es nicht über sich selbst und sein Angebot detaillierte Informationen zur Verfügung stellen kann. Diese müssen in schriftlicher Form vorhanden und in den elektronischen Medien abrufbar sein.

Bis vor wenigen Jahren waren die gedruckten Unterlagen die wesentliche Form der Informationsvermittlung. Mit dem Aufkommen des Internet zählt nun auch dieses Medium dazu. Daher sind die folgenden Ausführungen auf beide Kommunikationsinstrumente gleichermaßen anwendbar.

Für die Verständigung mit den Abnehmern werden verschiedene Dokumente benötigt. Zunächst braucht das anbietende Unternehmen eine allgemeine Informationsschrift (eine so genannte Imagebroschüre), dann Prospekte über das

Angebot mit seinen Leistungen und Spezialitäten, Dokumente über die Abwicklung von Schadensfällen, Hinweise über Zahlungen und Gutschriften und vieles andere mehr. Diese Informationen sind einheitlich in gedruckter Form wie als Website herzustellen.

Wer als Außenstehender diese bunte Palette verschiedenster Informationen einer x-beliebigen Firma kritisch in Augenschein nimmt, staunt häufig über die oberflächliche Art der Gestaltung, in der dem grafischen Beiwerk oft mehr Raum gegeben wird als der klaren Vermittlung von Botschaften. Dazu bringen die Informationsbroschüren bzw. Internetseiten manchmal unterschiedliche Werte oder sie widersprechen sich sogar, sie sind unvollständig oder unverständlich abgefasst. Der Betrachter fragt sich dabei unwillkürlich, wer hier wohl mit welcher Intention und mit welchem Überblick tätig war.

Gute Dokumente, die das Produkt- und Leistungsangebot exakt beschreiben, sind für das Verhältnis zu den Abnehmern wichtig. Sie sind in vielen Fällen zwar nicht von lebensnotwendiger Bedeutung, sie sind aber ein entscheidender Faktor im Beziehungsgeflecht mit den Abnehmern.

Welche Fehler werden bei der Anfertigung dieser Informationen häufig gemacht, und was kann unternommen werden, um die Ergebnisse deutlich zu verbessern?

Bevor sich der Product Manager an die Herstellung von Firmeninformationen begibt, sollte er zunächst Klarheit über verschiedene Basisvoraussetzungen schaffen. Diese lauten kurzgefasst: „Was, wem, wie?“

Fragen bei der Erstellung von Firmeninformationen

1. Was soll mitgeteilt werden?
2. Für wen ist die Information bestimmt?
3. Welche Funktion soll sie beim Empfänger erfüllen?
4. Welche Merkmale sind demnach besonders wichtig?
5. Was geht vor: Aktualität, Vollständigkeit, Übersichtlichkeit, Image?
6. Gibt es andere Kriterien zu berücksichtigen? Welche?

Es hat den Anschein, als bereite es in manchen Firmen Schwierigkeiten, die hier dargestellten Punkte in ihrer Logik zu erfassen und entsprechend umzusetzen. Statt dessen scheint die Regel zu lauten: „Zu viel Information kann nie schaden, eine Zuordnung und Abgrenzung nach Empfängerbedarf ist unnötig; packen wir hinein, was nur verfügbar ist. Der Betrachter wird sich schließlich schon das richtige Bild von uns machen. Und außerdem sind wir ja keine total unbekannte Größe im Markt."

Mit dieser Einstellung wird so gut wie alles falsch gemacht. Denn anscheinend wahlloses Einbringen von Daten, deren Nutzen für einen Interessenten höchst zweifelhaft ist, schadet mehr, als sie nützen. Informationen über das Unternehmen, seine Produkte und Leistungen sind nicht essenziell für den Erfolg einer Gesellschaft. Unüberlegte und nachlässige Handhabung der Informationsvermittlung beeinträchtigt aber unzweifelhaft das Image eines Unternehmens und fördert keinesfalls die positive Abgrenzung von den Mitanbietern.

a) Überzeugende und gut gestaltete Dokumente

Das Verhältnis zwischen Lieferant und Kunde wird ganz eindeutig beeinflusst von der Qualität der Informationen über das Lieferprogramm und seine Konditionen. Denn gut lesbare und verständliche Daten vermindern Rückfragen beim Lieferanten, sie sind dem Abnehmer eine echte Hilfe und tragen so zu einem positiven Verhältnis bei. Das Erarbeiten kundenbezogener Dokumente zeigt dem Abnehmer zudem, dass man seinen Informationsbedarf ernst nimmt. Alle diese Aussagen erscheinen nicht der Rede wert, weil sie ohnehin selbstverständlich sind. Warum sind dann dennoch auf diesem Gebiet bei so vielen Firmen Verbesserungsmaßnahmen überfällig? Gibt es allgemeine Regeln, nach denen man die Qualität der Infor-mationsdokumente vervollkommnen kann?

Der Basisfehler, der bei der Konzeption von Informationen über Produkte und Leistungen begangen wird, liegt in der nachlässigen Auseinandersetzung mit der Frage: „Was wollen wir hiermit wem mitteilen?“ Die unvoreingenommene Analyse dieser Frage macht sofort deutlich, in welcher Richtung gearbeitet werden muss. Das „Was“ definiert den Inhalt, und das „Wem“ die Art der Darstellung.

Bei der Klärung dieser beiden Basisfragen muss der Product Manager äußerst scharf und konsequent vorgehen, weil erfahrungsgemäß immer wieder die Neigung besteht, sich weniger nach den Erfordernissen als nach den zur Verfügung stehenden Daten zu richten. Wird bei der Zusammenstellung des für notwendig erachteten Inhalts festgestellt, dass über einen oder zwei Punkte keine Informationen vorliegen, ist es besser, diese völlig unerwähnt zu lassen, als mit unpräzisen und unwesentlichen Erklärungen einen schlechten Eindruck zu machen. (Es ist in diesem Fall natürlich alles daran zu setzen, die fehlenden Informationen so schnell wie möglich zu beschaffen und sie in das nächste Update mit aufzunehmen.)

Besteht Klarheit darüber, *was* an Informationen vermittelt werden soll, ist zu analysieren, welche Interessenschwerpunkte bei den Zielpersonen zu erwarten sind. Danach richtet sich dann *die Art* der Darstellung.

Bei der Formulierung des Inhalts ist darauf zu achten, dass die branchenüblichen Fachausdrücke zwar verwendet, im Bedarfsfall dem unkundigen Benutzer aber mit „normalen Worten“ erläutert werden. Daneben soll sich der Product Manager Mühe geben, die Texte so verständlich wie möglich abzufassen und sich davor hüten, wichtigtuerische Begriffe zu wählen, um Eindruck zu schinden. Griffige, einfache Formulierungen, die auf der Kundenseite verstanden werden, sind eindeutig zu bevorzugen.

Profi-Tip für die Erstellung von Firmeninformationen

- Den Inhalt der Botschaft und das Interesse der Zielgruppe klar definieren.
- Die Informationen nach den Erwartungen der Empfänger formulieren.
- Eine grafisch klare und überzeugende Form wählen.

- Wichtige Hinweise deutlich, aber unaufdringlich hervorheben.
- Ein ansprechendes, dem Inhalt angepasstes Erscheinungsbild verwirklichen, das schon äußerlich überzeugt und Sympathie erweckt.

b) Aktualität ist notwendig und realisierbar

Häufig werden Interessenten Informationen überreicht mit einschränkenden Worten bezüglich Vollständigkeit, Aktualität, und Relevanz der angegebenen Werte. Meistens wird dann hinzugefügt, dass die neuen Unterlagen gerade im Druck seien und dass man sie bald nachreichen werde. Diese Vorgehensweise ist für die Schaffung optimaler Kundenbeziehungen nicht förderlich, und man fragt sich, worin die Gründe dafür liegen können.

Auf den ersten Blick erscheint es unverständlich, dass die Verfügbarkeit neuester Informationen Probleme bereiten sollte, da doch die modernen Kommunikationsmittel, wie z.B. Desk Top Publishing, ungewöhnlich flexibel sind und die vielfältigsten Möglichkeiten bieten,

Die Praxis hat gezeigt, dass die Aktualisierung von Unterlagen häufig aufgrund des großen Aufwands, der mit dem Neudruck zusammenhängt, gern aufgeschoben wird. Dazu kommt, dass die Beschaffung und Überprüfung der Informationen oft langwierig und mühselig ist, was wiederum zur Verschleppung revisionsbedürftiger Angaben führt. Beide Probleme lassen sich durch planmäßiges Handeln aus der Welt schaffen.

Die drei wichtigsten Punkte bei der Herstellung von Firmeninformationen:

1. Gültigkeitsdauer
2. Herstellverfahren
3. Qualität der Aufmachung

Ist die Verwendungszeit kurz (z.B. bei Preislisten), ist ein flexibles und preiswertes Herstellverfahren zu wählen. Dabei ist zu bedenken, dass ein gewisses Qualitätsniveau eingehalten werden muss, weil jedes Dokument, das die Firma verlässt, draußen als eine Art Visitenkarte angesehen wird und dadurch das Image des Unternehmens mit prägt.

Handelt es sich um ein Dokument, das voraussichtlich über mehrere Jahre unverändert in Gebrauch sein wird (z.B. eine Imagebroschüre), kann bei der Herstellung und dem Druck erheblich mehr Aufwand getrieben werden. Ohne irgendwelche Rücksichten – höchstens hinsichtlich der Kosten – kann man bei der Herstellung einmaliger Erzeugnisse vorgehen, wie z. B. der Veröffentlichung anlässlich eines Jubiläums.

c) Nie mit dem erreichten Zustand zufrieden sein

Die Qualität eines Unternehmens und seine Kundenorientierung zeigen sich auch in der Güte des Inhalts der Informationen. Hierfür gibt es keinen allgemein gültigen Maßstab. *Eine* Feststellung kann man aber sicher für jede Firma treffen: Alle auf der Website gezeigten und als Druckunterlage im Umlauf befindlichen Broschüren und Dokumente sind verbesserungsfähig, nirgendwo gibt es die absolute Perfektion.

Maßstäbe für mögliche Verbesserungen erhält der Product Manager zunächst durch das Studium der Wettbewerbsdokumente vergleichbarer Unternehmen. Die praktische Umsetzung und das systematische Arbeiten an Verbesserungen nimmt ihm aber keiner ab; das muss im Product Management selbst geschehen. Dabei sollte sehr systematisch, etwa anhand der folgenden vier Punkte vorgegangen werden.

Der kritische Blick in die eigenen Dokumente

- Durchsicht auf fehlerhafte Angaben.
- Definition von Informationslücken.
- Festlegung der notwendigen Maßnahmen.
- Zeitplan für die Realisierung.

Es bedarf sicher recht vielfältiger Detailarbeiten, um optimale Verkaufs- und sonstige Firmeninformationen bezüglich Inhalt, Aussehen und Aktualität herzustellen. Die damit verbundenen praktischen Tätigkeiten sind nicht sehr beliebt, weil sie wenig zum Image des Markt erobernden Product Managers zu passen scheinen. Sie gehören aber dennoch zu seinem ureigensten Aufgabenbereich und müssen aus den mehrfach erwähnten Gründen von ihm intensiv und sehr verantwortungsbewusst wahrgenommen werden.

Wenn der Product Manager vor der Herstellung von Firmenunterlagen die folgenden grundsätzlichen Fragen unvoreingenommen und konsequent klärt, gewinnt er klare Maßstäbe für Umfang, Art und alle weiteren Kriterien.

Grundsatzfragen für die Herstellung von Firmeninformationen

1. Welche Art von Informationen werden benötigt?
2. In wieviel verschiedenen Ausführungen? Warum?
3. Für wen sind sie bestimmt?
4. Was soll mit ihnen erreicht werden?
5. Welchen Inhalt müssen sie demnach haben?
6. Was sind die jeweils wichtigsten Kriterien (Aktualität, Präzision, Vollständigkeit, optischer Eindruck o.a.)?

Es erscheint angebracht, zum Abschluss dieses Kapitels noch einmal detaillierter auf das Thema „Internet im Verkauf" einzugehen.

Ende des vergangenen Jahrhunderts setzte eine allgemeine Interneteuphorie ein, die viele im Wirtschaftsleben Tätige zu einer Überschätzung dieses Mediums verleitete. Diese Personen vertraten die Ansicht, dass die Verfügbarkeit über eine unzählige Menge von Daten und Informationen auch das Einkaufsverhalten vieler Unternehmen völlig umgestalten müsse. Denn nun könne der Einkäufer jederzeit durch kurzes Anklicken auf dem Bildschirm feststellen, was ihm der Markt weltweit bietet und das jeweils Interessante auswählen. Und dadurch würden drastische Vereinfachungen und Einsparungen zu erzielen sein, zum Beispiel weil die Suche nach Vertragspartnern und anschließende Vertragsverhandlungen zukünftig weitgehend entfielen. Diese Annahme stimmt weitgehend nicht mit dem tatsächlichen Geschehen überein.

Für die Beziehungen zwischen Anbietern und Abnehmern sind Faktoren entscheidend, die nicht durch elektronische Datenübertragung geregelt werden können. Denn bevor ein Einkäufer einen (Probe-)Auftrag erteilt, will er z. B. wissen, wie der Lieferant technisch ausgerüstet ist und wo sich seine Lieferwerke befinden, welche Art der Beratung und Unterstützung zu erwarten ist, welchen Ruf das Lieferunternehmen ganz generell hat, über welche Technologie es verfügt und wie professionell und effektiv die Verkaufs- und Logistikorganisation ausgestattet ist. Alle diese für das Entstehen einer Geschäftsverbindung sehr wichtigen Fragen können durch die Vermittlung von Daten auf dem Bildschirm keineswegs beantwortet werden. Hierzu sind nach wie vor die „altmodischen“ Verkaufsmethoden erforderlich: Persönlicher Besuch des potenziellen Kunden, Vorstellung von Mustern und Problemlösungen, Vermittlung von Informationen und Erläuterung von Referenzfällen usw. Auch der dynamische Jungmanager, der heute gern am Bildschirm arbeitet, muss erkennen: Das Internet ist im besten Falle ein Informationsmedium, keinesfalls aber ein Mittel für den aktiven Verkauf. Es bietet im Wesentlichen das, was früher der Warenkatalog leistete – etwas umfassender und auf internationaler Ebene.

13. Gewinnung neuer Abnehmer

In der heutigen Wettbewerbssituation kann ein Unternehmen langfristig nur bestehen, wenn es gezielt und ausdauernd an der Gewinnung neuer Abnehmer arbeitet. Dies aus zumindest drei Gründen: Erstens werden neue Kunden benötigt, weil jeder Lieferant im Laufe der Zeit immer wieder Abnehmer verliert. Seien es Zusammenschlüsse oder Aufkäufe, seien es der Tod des Inhabers oder ein Konkurs – es gehört zum normalen Wirtschaftsgeschehen, dass Abnehmerfirmen praktisch über Nacht vom Markt verschwinden. Aufgewogen werden kann dieser Verlust nur durch neue Kunden. Das zweite Argument für zusätzliche Kunden liegt darin, dass zur Risikominderung in Bezug auf die Abhängigkeit von einzelnen Kunden der Vertrieb auf möglichst viele Abnehmer verteilt werden muss.

An dritter Stelle steht die Erkenntnis, dass alle Produkte altern und im Laufe der Zeit an Attraktivität verlieren. Solange sie gefragt sind, müssen sie daher an die größtmögliche Zahl von Abnehmern vertrieben werden.

In vielen Unternehmen wird Neukundengewinnung nicht konsequent betrieben, weil die dafür notwendigen Aktivitäten wegen ihrer generellen Unpopularität bei vielen Verkäufern auf Widerstand stoßen. Häufig wird in diesem Zusammenhang argumentiert, dass die Sicherung der bestehenden Kundschaft schon äußerste Kräfte erfordere, die keinesfalls durch aufwendige und letztlich höchst ungewisse Maßnahmen bei unbekannten Vielleicht-Kunden gefährdet werden dürften. Verkaufsleiter lassen sich durch diese Argumente häufig von ihren ursprünglichen Ambitionen – der gezielten Vermehrung von Abnehmern – abbringen, und sie flüchten sich in die Hoffnung auf weiterhin befriedigende Ergebnissteigerungen bei den bestehenden Kunden.

a) Kundenakquisition als Teil der geschäftspolitischen Zielsetzung

Hinter der Abneigung, gezielt und hartnäckig neue Abnehmer aufzubauen, stecken aber noch andere Motive. Neue Kunden lassen sich allein durch Schreibtischaktionen in aller Regel nicht gewinnen, sondern es wird dazu der aktive Einsatz und das persönliche Engagement der Verkaufsgruppe benötigt. Und hier liegt der Schwachpunkt. Die Tätigkeiten eines Verkäufers für die Gewinnung neuer Abnehmer unterscheiden sich fundamental von denen, die zur Betreuung einer etablierten Kundschaft benötigt werden. Neue Abnehmer zu finden, sie richtig anzusprechen und zu überzeugen bedeutet etwas gänzlich anderes, als eine bestehende Verbindung aufrechtzuerhalten. Werden im ersten Fall Findigkeit, Ausstrahlung und Hartnäckigkeit verlangt, so reicht zur Betreuung in der Regel Zuverlässigkeit, Präzision und gutes persönliches Einvernehmen. Die Erfahrung in den Betrieben zeigt, dass der überwiegende Teil der Verkaufsmitarbeiter offensichtlich mehr Neigung zur Betreuung als zur Akquisition neuer Kunden hat.

Aus dieser Erkenntnis den Schluss zu ziehen, dass man nicht von allen Verkäufern verlangen kann, aktiv im Neugeschäft tätig zu sein, ist nicht akzeptabel. Jeder Mitarbeiter im Verkauf hat auch diese anstrengendere und „ungemütlichere" Tätigkeit zu übernehmen. Nicht weil man ihn damit bewusst stressen will, sondern weil sie einen grundsätzlichen und wesentlichen Teil des Verkäuferdaseins darstellt. Mitarbeiter im Außendienst, die diese Ansicht nicht teilen, haben offensichtlich eine falsche Auffassung von ihrem Beruf und sollten sich nach anderen, ihnen besser passenden Tätigkeiten umsehen.

Das Ausweichen der Verkäufer in die Betreuerposition und die Vernachlässigung der aktiven Arbeit im Neugeschäft wird auch gefördert durch die unzureichende Unterstützung der Akquisitionstätigkeit durch das Product Management.

Nicht nur der Verkaufsleiter, auch der Product Manager muss in allen seinen Handlungen deutlich machen, dass es zu den obersten Zielen des Unternehmens gehört, kontinuierlich, systematisch und hartnäckig neue Kunden zu gewinnen. Dieser grundlegende Teil der absatzpolitischen Zielsetzung muss so klar und permanent zum Ausdruck gebracht werden, dass er zur täglichen Routine der Mitarbeiter im Verkaufsaußendienst wird. Es ist eindeutig auch die Aufgabe des Product Managers, daran mitzuwirken, dass die konsequente Akquisition neuer Kunden ein ganz wesentliches Ziel darstellt und dass die Ergebnisse dieser Bemühungen von Verkaufsleitung und Product Management andauernd und intensiv überprüft werden.

b) Kein Erfolg ohne gewissenhafte Vorarbeiten

Das Engagement des Product Managers auf dem Gebiet der Neukundengewinnung beschränkt sich aber keinesfalls auf Appelle und Ermahnungen. Er ist auch gefordert, sich für diese Tätigkeit aktiv zu engagieren und sie gezielt zu unterstützen. Denn in vielen Firmen wird die Akquisition von Neukunden nicht nur aufgrund mangelhafter Unterstützung durch die vorgesetzten Stellen vernachlässigt, sondern auch wegen schlechter Vorbereitungen durch das Product Management. Da ist von Firmen zu hören, wo von den Verkäufern verlangt wird, dass sie sich Adressen potenzieller Abnehmer selbst aus Telefonbüchern heraussuchen, um sich dann Prospekte zuschicken zu lassen, aus denen Informationen über das jeweilige Lieferprogramm zu entnehmen sind. Die Ergebnisse dieser Aktionen sind in der Regel recht dürftig. Denn der typische Verkäufer hat kein besonderes Talent für diese Art Arbeit, und wenn ihm hierbei nicht tatkräftig unter die Arme gegriffen wird, versanden bereits an dieser Stelle die Bemühungen um die Gewinnung neuer Abnehmer. Für die effektive Neukundengewinnung werden umfassende Informationen zu verschiedenen Punkten benötigt, die der Product Manager zu beschaffen und aufzubereiten hat.

Basisdaten für die Gewinnung von Neukunden

- Exakte Firmenbezeichnung
- Tätigkeitsfeld der Gesellschaft
- Name des Geschäftsführers und der Bereichs-/Abteilungsleiter
- Umsatz des Unternehmens, Zahl der Mitarbeiter
- Ort des Unternehmens, mit Ortsteil, PLZ und Straße, PLZ und Postfach
- Telefonnummer, Telefaxnummer, E-Mail-Adresse
- Unternehmensform
- Sitz der Hauptverwaltung und der Produktionsstätte(n)
- Konzernzugehörigkeit
- Beschaffungsorganisation und Zuständigkeiten im Einkauf
- Namen und Aufgabengebiete der für den Verkäufer wichtigen Manager und Sachbearbeiter mit Telefon und E-Mail-Adresse

Viele dieser Daten sind in Firmendatenbanken (z.B. Hoppenstedt) enthalten und jedermann zugänglich. Reichen sie nicht aus, sollten die betreffenden Unternehmen telefonisch angerufen und die noch fehlenden Informationen anhand einer Stichwortliste systematisch erfasst werden. Diese Materialien soll der Product Manager kontinuierlich sammeln, in eine saubere, arbeitsfreundliche Form bringen und den Außendienstlern zuleiten. Besteht im Verkauf ein Kunden-Computerprogramm, können diese Daten auch direkt dort eingegeben werden. Auf diese Weise erfährt die wichtige Tätigkeit der Neukundengewinnung den nötigen Druck, und die Ausreden der Verkäufer, dass sie für diese Zusatzaufgaben keine Zeit hätten, dürften gegenstandslos werden.

Der Product Manager soll bei dieser Arbeit nie vergessen, dass er äußerst präzise und umsichtig vorgehen muss. Denn je genauer und umfassender die Daten vorliegen, umso eher werden sie von den Verkäufern angenommen und umso ergiebiger werden dann schließlich die Akquisitionsbemühungen sein.

14. Der Produkt-Lebenszyklus

In einem der vorigen Kapitel wurde dargestellt, dass es in manchen Unternehmen zu den Aufgaben des Product Managers gehört, aktiv an der Neuentwicklung von Produkten mitzuwirken, während in anderen Bereichen der Wirtschaft diese Aufgaben bei anderen Funktionsträgern angesiedelt sind. Diese Uneinheitlichkeit bezieht sich auf neue Produkte. Die Beobachtung und Pflege des bestehenden Lieferprogramms, also gewissermaßen der „alten Produkte", zählt ohne Zweifel zum Verantwortungsbereich *aller* Product Manger in *allen* Märkten.

Ein Mittel, um auf diesem Gebiet sinnvolle Arbeit zu leisten, besteht in der Analyse des Lebenszyklus' eines Produkts. Im Kern dreht es sich dabei darum herauszufinden, in welchem „Lebensalter" sich ein bestimmtes Produkt befindet, und aus diesem Wissen dann spezifische Maßnahmen abzuleiten. Denn je nach Altersstatus sind hier durchaus unterschiedliche Aktionen angebracht. So dürfte beispielsweise ein langsam alterndes Erzeugnis ohne Zweifel andere Maßnahmen der Absatzförderung erfordern als ein „frisches", gerade in den Markt gebrachtes Produkt.

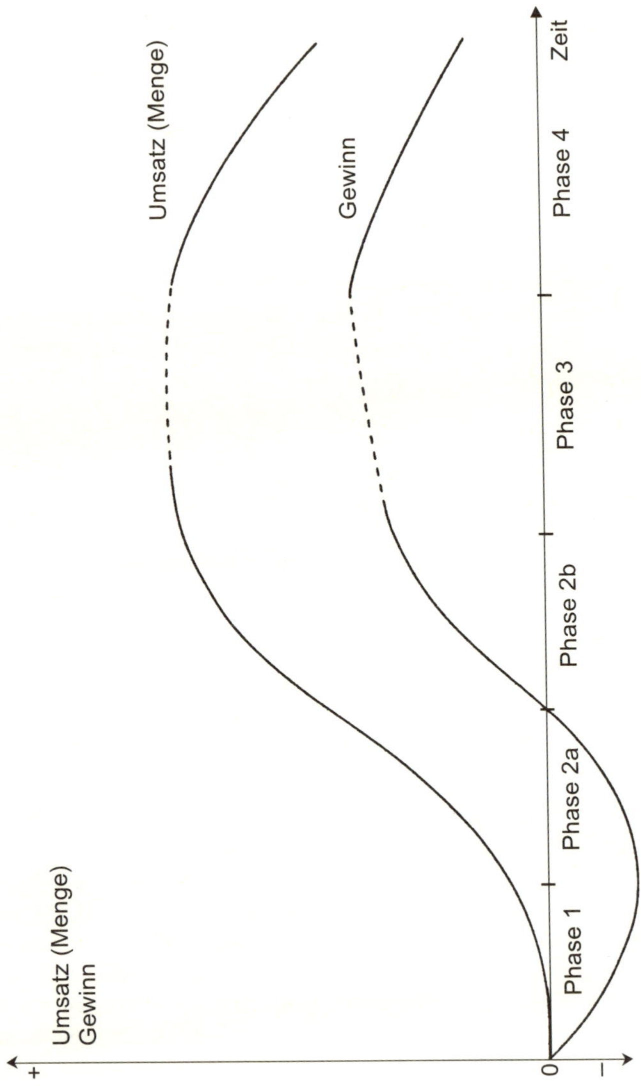

Abb. 3: Der Lebenszyklus eines Produkts

a) Produkte leben und sterben

Man spricht davon, dass jedes Erzeugnis, genau wie ein organisches Wesen, einen bestimmten Lebenszyklus hat, der von der Erzeugung bis zum schließlichen Ende reicht. In der Regel werden folgende vier bzw. fünf Phasen unterschieden.

Der Lebenszyklus eines Produkts

1. Phase:	Entstehung
2. Phase:	Wachstum (a)
	Wachstum (b)
3. Phase:	Reife
4. Phase:	Alter

Abschnitt 1 (Einführungsphase)

Diese Phase ist gekennzeichnet von drei Merkmalen:
1. Geringer Umsatz und geringe Umsatzzuwächse.
2. Hohe Marktinvestitionen.
3. Häufig Verluste.

Abschnitt 2 (Wachstumssphase)

Hier ändert sich das Bild drastisch. Die wesentlichen Merkmale sind nun:
1. Steiles Umsatzwachstum, da sich das Produkt jetzt durchsetzt.
2. Noch Verluste (in der Wachstumsphase 2a).
3. Erreichen der Gewinnzone (in der Wachstumsphase 2b).

Abschnitt 3 (Konsolidierungs- bzw. Stagnationsphase)

Der Abschnitt mit häufig der längsten Dauer. Viele altbekannte Markenartikel befinden sich in dieser Phase, da das Marktpotenzial ausgeschöpft ist. Hier lauten die Merkmale:
1. Umsätze stagnieren, aber höchste Gewinne.
2. Zunehmende Produkterfahrungen und verbesserte Produktionstechnik, dadurch Reduzierung der Stückkosten.
3. Keine wachstumsorientierten Investitionen.
4. Die generelle Politik lautet: Halten der Marktposition.
5. Gewinne werden in andere Produkte (der Phase 1 und 2) investiert.

Abschnitt 4 (Degenerations- bzw. Reifephase)

Diese Phase ist gekennzeichnet von den folgenden Faktoren:

1. Umsatzrückgang.
2. Weiterführung des Produkts nur, solange Gewinne abschöpfbar sind.
3. Häufig erfolgt eine Sortimentsbereinigung.
4. Erste Anbieter scheiden aus.

Wie aus diesem Bild zu sehen ist, liefert die fachgerechte Analyse des Lebenszyklus' eines Produkts (der sog. Product Life Cycle) dem Product Manager vielfältige Informationen über die Chancen und Probleme seines Produkts im Wettbewerbsumfeld und damit Anhaltspunkte für erfolgreiches Agieren im Markt.

Die Darstellung auf der folgenden Seite zeigt auf einen Blick, wie sich die Marktsituation in den verschiedenen Phasen darstellt.

Es ist wichtig darauf hinzuweisen, dass der „Lebenszyklus eines Produkts" lediglich als ein Modell anzusehen ist, und dass die folgenden Abweichungen eintreten können:

- Der Verlauf der Kurve trifft nicht immer genau so zu wie hier dargestellt.
- Die einzelnen Phasen können unterschiedlich lang sein.
- Durch Innovationen (speziell in Phase 3) kann die nächste Phase hinausgeschoben oder neues Wachstum erzielt werden.

Aber auch unter dieser Einschränkung vermittelt die Betrachtung des Life Cycle sehr wertvolle und hilfreiche Einsichten. Die Erfahrung zeigt, dass allein schon die praktische Beschäftigung mit dem Lebenszyklus eines Produkts Erkenntnisse zu Tage fördert, die der Tätigkeit des Product Managers sehr zugute kommen. Wie auch immer der Produkt-Lebenszyklus im spezifischen Fall verlaufen mag, er gibt dem Product Manager große Hilfe im Erkennen von Marktvorgängen, und er fordert ihn heraus, diese zu beherrschen und auf ihre Entwicklung Einfluss zu nehmen. Generell ist festzustellen, dass dieses Analyseverfahren ein langfristiges Instrument darstellt, das

Beurteilung der Marktsituation	Phasen im Lebenszyklus eines Produkts			
	Entstehung	Wachstum	Reife	Alter
Umsatz	Unsicher	Hoch	Stagnierend	Rückläufig
Gewinn	Unsicher	Gewinnzone	Hoch	Rückläufig
Potenzial	Ungewiss	Abschätzbar	Überschaubar	Bekannt
Sortiment	Klein	Ausweitung	Begrenzung	Bereinigung
Wettbewerber	Wenige	Zunehmend	Stagnation	Verringerung
Marktanteil	Unklar	Stabilität	Sehr stabil	Kein Zuwachs
Markteintritt	Sehr günstig	Noch gut	Ungünstig	Uninteressant
Technologie	Hoher Einfluss	Hoher Einfluss	Rationalisierung	Prod. Kosten

Abb. 4: Phasen im Lebenszyklus eines Produkts

durch regelmäßige Inanspruchnahme und kontinuierliche Weiterentwicklung immer hilfreicher wird.

b) Das „Lebensalter“ beeinflusst die Produktstrategie

Die synoptische Betrachtung eines Produkts unter Lebensalter- und Wettbewerbsgesichtspunkten kann wesentliche Impulse bei der Produktpolitik geben, sie kann Investitionsvorhaben beeinflussen und die Strategie im Markt steuern. Ist ein Produkt alt und schwach im Wettbewerb, wird es sich lohnen, noch so viel wie möglich herauszuholen; das nennt man „Die Kuh melken“. Zeigt das Bild andererseits, dass man sich in einem insgesamt „reifen“ Markt befindet, wird dieser Tatbestand Einfluss auf die Geschäftsleitung haben, da in dieser Phase Verbesserungen der Wettbewerbsposition besonders teuer sind.

Es ist ganz allgemein festzustellen, dass die regelmäßige Erforschung des Product Life Cycle ein gutes Hilfsmittel für erfolgreiche Marketingpolitik darstellt, denn es gibt Hilfe bei der Beantwortung vieler lebenswichtiger Fragen.

Transparenz durch Analyse des Product Life Cycle

- In welcher Position befinden wir uns im Vergleich zum Wettbewerb?
- Wie ist die Stabilität unserer Lage einzuschätzen?
- Wo liegen die größten Bedrohungen und was können wir dagegen tun?
- Was müssen wir investieren, um in unserem Markt zu bestehen?
- Müssen wir bestimmte Produkte/Märkte aufgeben oder Fusionen eingehen?

Neben dem dargestellten vielfältigen Nutzen bietet die Lebenszyklus-Analyse gute Möglichkeiten, das Gespräch unter den Managern mit verschiedenen Aufgabengebieten im Unternehmen zu versachlichen. Denn die allen sichtbare Position bestimmter Produktgruppen bedeutet eine Basis, die zu konstruktiven, emotionsfreien Diskussionen anleitet.

15. Portfolio Management

a) Erklärung des Begriffs

Die Bezeichnung Portfolio kommt aus dem Italienischen und bezeichnet eine Mappe oder ein Blatt (folio = Blatt), das bestimmte Unterlagen enthält (porta = trägt). Gemeint ist damit ein bestimmtes Programm bzw. eine Sammlung von Einheiten, die ähnliche Merkmale aufweisen. Der Begriff wird in den verschiedensten Branchen verwendet, z.B. von Banken, die damit die einzelnen Leistungen beschreiben, die sie für ihre Kunden anbieten. In einem normalen Industriebetrieb, der etwa Motoren herstellt, bezeichnet das Portfolio die Zusammensetzung des Verkaufsprogramms an Motoren in ihren verschiedenen Varianten, über das dieses Unternehmen zu einem bestimmten Zeitpunkt verfügt.

Es erscheint an dieser Stelle sinnvoll, zur Vermeidung von Missverständnissen auf den folgenden Punkt hinzuweisen: An verschiedenen Stellen des Buches wird erwähnt, dass das System des Product Managements darin besteht, dass *einem* bestimmten Mitarbeiter *ein* spezifisches Produkt anvertraut wird, für das er voll verantwortlich ist. Diese Definition entspricht der Herkunft des Begriffs aus den dreißiger Jahren des vorigen Jahrhunderts bei Procter & Gamble. In der Zwischenzeit haben sich die Abnehmerbedürfnisse aber so stark gewandelt und damit das Angebotsverhalten der Lieferanten, dass aus dem *einem Erzeugnis* in aller Regel „eine Familie" geworden ist, d.h. dass das Ursprungsprodukt nun in verschiedenen Varianten und mit Zusatz- und Ergänzungsartikeln angeboten wird. Insofern ist die klassische Tätigkeit des Product Managers erweitert worden, sie ist in ihrer grundsätzlichen Wirkungsweise dabei aber unberührt geblieben. Heute ist der Product Manager also in der Regel nicht nur für ein einziges Erzeugnis verantwortlich, und daher ist das Portfolio Management, d.h. die Beschäftigung mit einem bestimmten, in sich geschlossenen Produktprogramm, für ihn eine wesentliche Aufgabe.

Wer sich mit dem Portfolio beschäftigt, muss daran denken, immer den spezifischen Zeitpunkt im Auge zu behalten, zu dem das geschieht. Denn die Zusammensetzung eines Lieferprogramms ist nie eine beständige Größe, sondern ändert sich mit dem Auf und Ab der geschäftlichen Vorgänge und der Entwicklung des Unternehmens. Daher ist es wichtig, bei einer Portfolio-Analyse exakt das Datum festzuhalten bzw. bei Maßnahmen zur Beeinflussung der Produktzusammensetzung anzugeben, zu welchem Zeitpunkt die Maßnahmen eingeleitet und wann die Ergebnisse gemessen wurden. Eine nonchalante Aussage wie „Wir haben in den zurückliegenden Monaten eine Verbesserung des Portfolios erreicht", ist wenig aussagefähig, weil der Bezug zu einem exakten Datum in der Vergangenheit fehlt. Denn dieser wird letztlich benötigt, um die neue Position mit einer früheren zu vergleichen und damit richtig einschätzen zu können. Hinzu kommt, dass dieser Satz unsinnig ist, weil man von Verbesserungen erst sprechen kann, wenn vorher definiert wurde, worin die Mängel bestanden, die nun reduziert wurden. – Das Portfolio wird in manchen Branchen auch als Product Mix bezeichnet.

Portfolio bedeutet die Zusammensetzung des Liefer- oder Leistungsvolumens einer Organisation zu einem bestimmten Zeitpunkt. Mit Portfolio Management bezeichnet man die Tätigkeit der Analyse und Einflussnahme auf diese Struktur mit dem Ziel der Verbesserung. Wie oben festgestellt wurde, sind Verbesserungen nur dann sinnvoll und angebracht, wenn zuvor Fehltatbestände ermittelt wurden. Diesem Gedankengang folgend stellt sich die Frage, welche Merkmale eines Portfolios Mängel darstellen, was im Folgenden näher dargestellt wird. Im weiteren Verlauf dieser Abhandlung wird dann untersucht, mit welchen Maßnahmen Änderungen erzielt werden können.

b) Grafische Darstellungen vermitteln Transparenz

In der ersten Phase der Analysetätigkeit soll der Product Manager zunächst nur die Struktur seiner Produkte betrachten und dazu einige grundlegende Überlegungen anstellen. Dazu ist es sinnvoll, das aktuelle Lieferprogramm in Form einer Grafik darzustellen, wie im folgenden Bild gezeigt, wobei die Umsatzmengen der einzelnen Produktvarianten der räumlichen Größe des jeweiligen Segments der Säule entsprechen sollen.

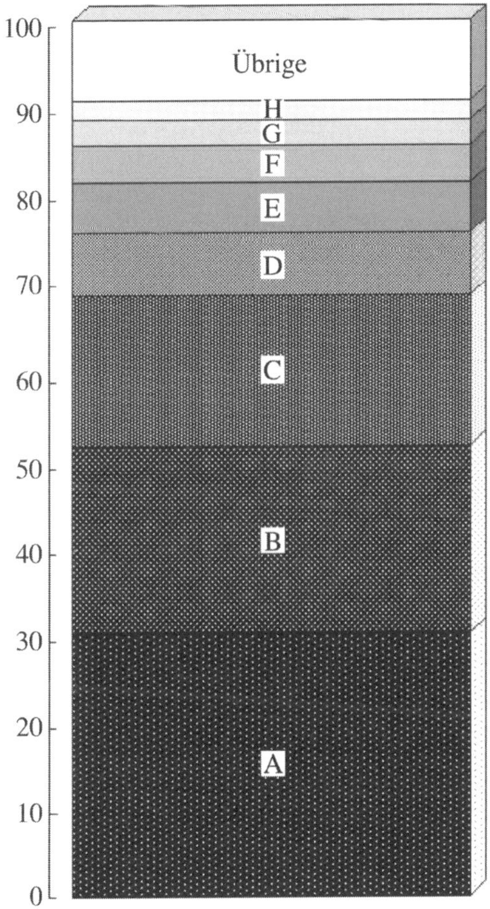

Abb. 5: Portfolio-Analyse Stufe I
Die Segmente zeigen den mengenmäßigen Anteil der Produkte A bis H am Verkaufsprogramm zum Zeitpunkt X.

Umsatzzahlen, die in dieser Form graphisch präsent sind, geben dem Product Manager ein viel besseres Gefühl für sein Geschäft und wie es sich in den Einzelheiten wirklich zusammensetzt, als es eine akribische Darstellung in Zahlen vermag. Denn diese Darstellung vermittelt ihm auf einen Blick einen Eindruck von den Spezifika seines Geschäfts.

Da fallen zunächst die großen Blöcke ins Auge, die den wesentlichen Teil des Umsatzes ausmachen. Der Tatbestand, dass, wie hier dargestellt, drei Segmente (A, B und C) etwa 68% des Gesamtumsatzes ausmachen, stellt für ihn vielleicht nichts Überraschendes dar; die sichtbare Übermacht und die im Sinne der Risikoverteilung schon etwas beängstigende Konzentration auf allein diese drei Produkte ist ihm in dieser Drastik aber vielleicht noch nie so klar geworden.

Dann sind aber auch die kleineren Segmente eines genaueren Blickes wert, da sie in ihrer mengenmäßige Bedeutung im Tagesgeschäft vielleicht oft ganz anders – manchmal viel größer und manchmal auch viel geringer – eingeschätzt werden. Vielleicht wirft der Product Manager dann auch einen gezielten Blick auf das Segment F oder G, macht sich Gedanken über das aktuelle Volumen und wägt es ab im Vergleich zu den wesentlichen Umsatzträgern. Denn diese Produkte wurden einstmals vielleicht mit viel Vorschusslorbeeren eingeführt und ihre Entwicklung wird seitdem von der Vertriebs- und Geschäftsleitung eventuell sehr aufmerksam verfolgt. Da kann es höchst ratsam sein, dass sich der Product Manager mit ihrer Stellung im gesamten Portfolio beschäftigt, um auf Fragen aus den höheren Etagen gut gewappnet zu sein.

Schließlich lohnt auch die Betrachtung der restlichen Minianteile, die zusammen genommen nicht zu vernachlässigen sind. Hier kann der Product Manager Überlegungen über gezielte Förderung oder auch Herausnahme einzelner Varianten aus dem Programm anstellen und außerdem überprüfen, ob für die Betreuung mancher dieser Minimalanteile nicht vielleicht mehr Aufwand getrieben wird, als ihrer mengenmäßigen Bedeutung überhaupt zukommt.

Wie zu sehen ist, gewinnt der Produktverantwortliche schon allein durch die kritische Betrachtung seines Portfolios – bloß unter Mengengesichtspunkten – verschiedene, höchst relevante

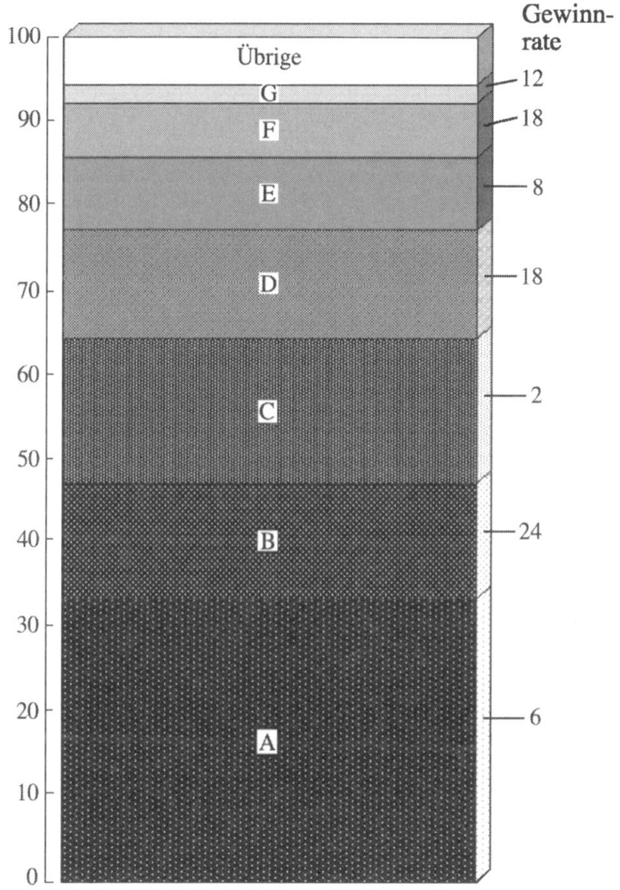

Abb. 6: Portfolio-Analyse Stufe II
Die Segmente zeigen den mengenmäßigen Anteil der Produkte A bis G am Verkaufsprogramm zum Zeitpunkt X. Die Zahlenangaben auf der rechten Seite der Säule zeigen die Profitabilität des jeweiligen Segments.

Erkenntnisse, die ihm bei seinen strategischen und taktischen Plänen zugute kommen.

Eine weitere Dimension gewinnt die Analyse des Portfolios durch Einfügung der Gewinnrate je Produktvariante (siehe Abb. 6). Dabei ist es egal, welche Einheit man einsetzt, den Deckungsbeitrag, den Rohgewinn oder eine andere Größe: Wichtig ist allein, dass für das gesamte Portfolio ein einheitlicher Maßstab verwendet wird, denn dieser soll verglichen werden.

Mit diesem Bild werden weitere entscheidende Merkmale des Portfolios sichtbar, nämlich wie sich der Gewinn auf die einzelnen Segmente verteilt. Die Fragen, die sich hier ergeben, lauten:

1. Welchen Profit realisieren die drei größten Segmente im Vergleich zum Durchschnittsgewinn?
2. Wie groß ist der Abstand des Profits der drei größten Segmente zum Gewinn des profitabelsten Segments?
3. Wie haben sich die mengenmäßigen Anteile und die Profitraten in den letzten Jahren entwickelt?

In der Portfolio-Analyse ist sogar eine „dritte Dimension" möglich: Im ersten Fall wird allein der Mengenbestand zu einem gewissen Zeitpunkt betrachtet (Stufe I). In der zweiten Phase erfolgt eine Bildvertiefung durch Hinzunahme des Profits (Stufe II). Und in der dritten Phase soll nun die Entwicklung der Produktfamilie über einen mehrjährigen Zeitraum betrachtet werden, wodurch sich weitere, sehr wesentliche Erkenntnisse ergeben (siehe Abb. 7).

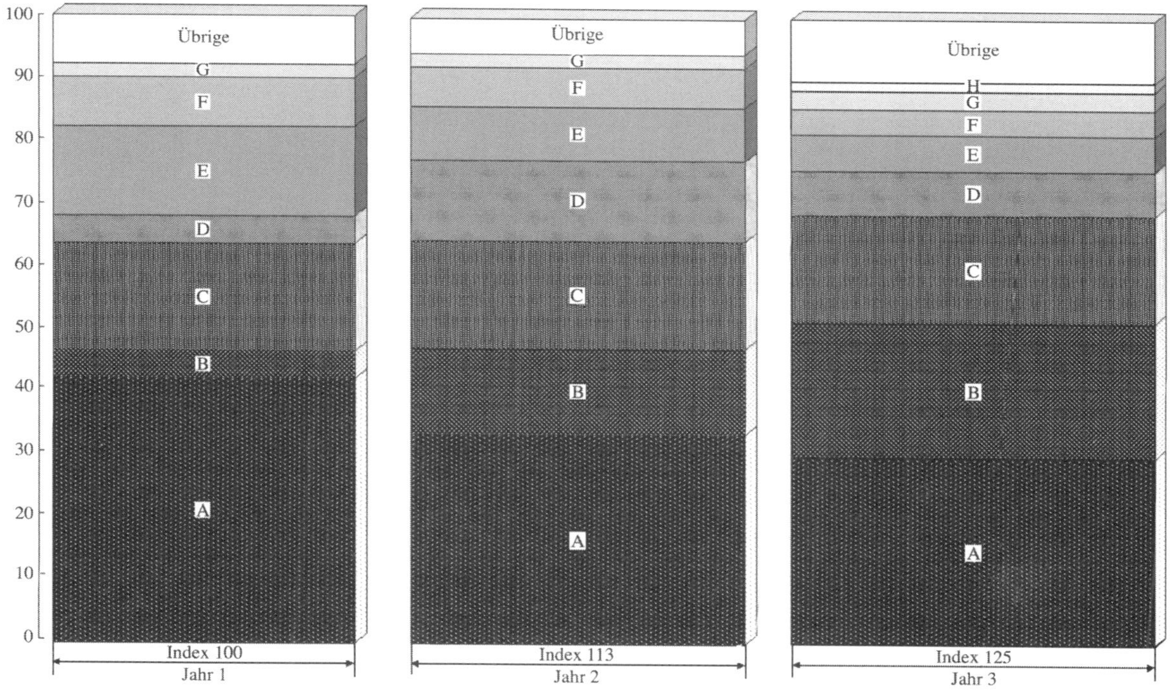

Abb. 7: Portfolio-Analyse Stufe III. Die Segmente zeigen den mengenmäßigen Anteil der Produkte A bis G bzw. H am Verkaufsprogramm in den Jahren 1, 2 und 3. Die Breite der Säulen zeigt die Umsatzentwicklung (von 100 über 113 auf 125).

Das hier dargestellte Portfolio für drei Jahre zeigt in den Säulen *zwei Werte*, nämlich in der Breite den Umsatz pro Jahr und in der Höhe die Verteilung der einzelnen Produkte. Somit ergeben sich *zwei* Informationen durch *ein* Bild: Die Darstellung vermittelt dem Betrachter die Gesamtumsatzentwicklung und den Anteil, den die Produkte in jedem Jahr ausmachen. Man kann also erkennen, wie sich die Anteile prozentual zum Gesamtwert verändert haben, und man kann gleichzeitig sehen, wie sich der totale Umsatz in den Jahren entwickelt hat. Wesentlich ist die absolute Größe der einzelnen Segmente.

In den Stufen I und II zeigte sich die Situation lediglich zu einem ganz bestimmten Zeitpunkt, bot also nur eine statische Betrachtungsmöglichkeit, die höchstens die Feststellung zuließ: „So sieht es also aus“, ohne die geringsten Hinweise auf Ursachen und mögliche Entwicklungstendenzen. Mit dem Vergleich der Entwicklung der einzelnen Segmente über mehrere Jahre hinweg erfährt die Einschätzung der aktuellen Lage mehr Substanz, da nun auch sichtbar ist, welche Veränderungen sich im Laufe der Zeit ergeben haben, wodurch größere Sicherheit bei der Planung von Korrekturmaßnahmen entsteht.

Die Analyse des Portfolios der Stufe III gibt dem Product Manager Informationen über die folgenden Punkte:

- Kontinuierliche Zu- oder Abnahme eines Sektors lässt vermuten, dass dahinter ein gewisser Trend besteht, der sich mit einiger Wahrscheinlichkeit in den nächsten Jahren fortsetzen kann.
- Kleinere Anteile, die im Laufe der Jahre höchst unterschiedliche Werte aufweisen, lassen auf unstete Nachfrage und starke Saisonabhängigkeit schließen.
- Die deutlich verschiedenartige Entwicklung zusammen gehörender, sich ergänzender Produkte lässt vermuten, dass die Abnehmer diese Eigenschaften nicht sehen oder nicht sehen wollen.
- Haben die neuen Produkte, die vor Jahren als Hoffnungsträger in den Markt eingeführt wurden, die angestrebte Stellung im Product Mix erreicht?

- Inwieweit hatten die Bemühungen der letzten Jahre Erfolg, die Unausgeglichenheit der Produktzusammensetzung zu korrigieren?
- Welchen Anteil haben noch immer die kleinen und kleinsten Produktsegmente am gesamten Portfolio? Konnte die Verzettelung – wie geplant – reduziert werden?

Wie die bisherigen Ausführungen zum Thema Portfolio Management zeigen, liefert die Analyse der Zusammensetzung des Lieferprogramms dem Product Manager viele interessante Hinweise und Erkenntnisse. Für den aktiven Manager ist das aber nicht ausreichend. Denn allein das Wissen (oder auch nur die Vermutung), dass bestimmte Tatbestände nicht so günstig sind und daher besser kontrolliert werden müssten, führt zu keinen konkreten, zielgerichteten Aktionen. Der Product Manager muss sich daher ganz unverblümt die Fragen stellen:

1. Was ist an meinem Portfolio nicht in Ordnung?
2. Was kann ich unternehmen, um die Mängel zu beheben oder zumindest zu reduzieren?

Im Zusammenhang mit der Darstellung der drei Analysestufen wurden bereits verschiedene Mängel aufgezeigt, die ein ungünstiges Portfolio aufweisen kann. Im Folgenden sind diese Merkmale zusammengefasst und um einige Punkte ergänzt.

Die Zusammensetzung der verkauften Waren und Leistungen kann aus den folgenden Gründen Mängel aufweisen:

1. Im Verkaufsprogramm nimmt ein Produkt/eine Produktgruppe einen unverhältnismäßig großen Anteil ein (etwa 70 bis 80%). Gefahr: Starke Einseitigkeit und Abhängigkeit mit dem Risiko, dass bei Gefährdung dieser Position sofort das gesamte Verkaufsprogramm in Mitleidenschaft gezogen wird.

2. Zusammengehörende, sich ergänzende Produkte sind sehr ungleichmäßig vertreten. Nachteil: Umsatzmöglichkeiten werden nicht realisiert.

3. Hoher Anteil „alter Produkte“. Gefahr: Mittel- und langfristig negative Umsatzentwicklung, weil die alten Produkte kontinuierlich geringere Nachfrage finden.
4. In den letzten Jahren neu eingeführte Produkte bilden nur geringen Anteil am Gesamtportfolio. Nachteil: Die hohen Kosten der Markteinführung wurden nicht wieder hereingeholt.
5. Im Portfolio befinden sich viele Produkte, die nur einen minimalen Anteil (ein oder zwei Prozent) ausmachen. Nachteil dieser Verzettelung: Vergleichsweise hohe Kosten für Herstellung/Beschaffung, Lagerhaltung, Verpackung, Versand, Betreuung und Service.
6. Neu eingeführtes Produkt mindert den Absatz schon im Programm befindlicher Waren, sog. Kannibalisierung. Nachteil: Das normalerweise wegen seines günstigeren Preises bevorzugte Neuprodukt verschlechtert den Gesamtgewinn.
7. Produkt mit großem Anteil am Portfolio erzielt unterdurchschnittlichen Deckungsbeitrag. Nachteil: Negative Auswirkung auf Gesamtgewinn.
8. Produkt mit hohem Deckungsbeitrag nimmt nur ganz geringen Anteil ein. Nachteil: Gewinnchancen werden nicht realisiert.
9. Produkte, die das bestehende Programm ergänzen könnten, fehlen. Nachteil: Kein System, ausgelassene Umsatzmöglichkeiten.
10. Wesentliche Anteile ohne Marktverankerung (me too Produkte). Nachteil: Häufig wenig profitabel, unsichere Zukunft.

Wie man aus diesen zehn Punkten, die in manchen Fällen vielleicht sogar noch zahlreicher sein können, ersieht, gibt es die vielfältigsten Gründe für ein nicht befriedigendes Verkaufsprogramm. In vielen Fällen wird wenig konzentriert daran gearbeitet, diese Missstände, die überall mehr oder weniger stark in den Unternehmen auftauchen, näher zu untersuchen und Verbesserungen einzuleiten, einfach weil sich niemand verantwortlich fühlt und weil die entsprechenden Aktivitäten viel Aufwand und Detailarbeit erfordern. Und der letzte, sehr wesentliche Grund für das Nichtstun liegt darin, dass die meisten Manager doch nur auf den Gesamtumsatz sehen und den total erwirtschafteten Gewinn betrachten.

Der verantwortungsbewusste Product Manager, der diese Nachlässigkeiten kennt und seinen Job ernst nimmt, beschäftigt sich immer wieder und sehr konzentriert mit allen denkbaren Verbesserungsmöglichkeiten. Denn für ihn ist klar, dass man keine unrealistischen Großaktionen planen soll, sondern dass auch durch kleine Veränderungen hier und da das Ergebnis insgesamt deutlich verbessert werden kann. Nur in den seltensten Fällen dürfte er beim Studium seines Portfolios in allen Punkten zufrieden sein. Denn der Idealzustand, der darin besteht, dass die größten Umsatzträger auch zugleich die höchsten Profitraten aufweisen und die sich mengenmäßig positiv entwickelnden Produkte hochprofitabel sind und zunehmend größere Gewinne abwerfen, ist sicher als extreme Ausnahme anzusehen. Ganz im Gegenteil: Die Chancen liegen viel höher, dass sich ein recht unbefriedigendes Bild zeigt und dass große Umsatzanteile wenig profitabel sind oder sogar Unterdeckung aufweisen, während kleine und kleinste Segmente befriedigende und zum Teil sogar sehr hohe Gewinne bringen.

c) Folgerungen aus der Portfolio-Analyse

Der Product Manager wird sich Gedanken machen, wie das Lieferprogramm positiv verändert werden kann; er wird darüber nachdenken, warum an bestimmten Stellen nicht der angestrebte Gewinn gemacht wird, wo in der Produktführung Versäumnisse vorliegen und warum in der Vergangenheit offensichtliche Mängel übersehen und Chancen ausgelassen wurden, die für eine Verbesserung der Situation unerlässlich gewesen wären.

Die Aufgabe des Product Managers im Portfolio Management besteht nun darin, Konsequenzen aus diesen Erkenntnissen zu ziehen und über geeignete Maßnahmen nachzudenken, die zu einer Verbesserung der Produktzusammensetzung führen. Grundsätzlich gibt es für ihn dazu zwei Möglichkeiten:

1. Die Veränderung des Anteils, den die Produkte einnehmen, und zwar in Richtung Verkleinerung oder Vergrößerung.
2. Einfluss nehmen auf die Steigerung der Profitabilität der einzelnen Segmente.

Maßnahmen, die eingesetzt werden können, um eine *mengenmäßige Vergrößerung* bestimmter Produktanteile am Gesamtumsatz zu erreichen, sind die klassischen Marketing-Instrumente, das so genannte „Marketing-Mix". Dazu zählen:

1. Gezielte Werbung und Öffentlichkeitsarbeit.
2. Produkt-Präsentationen und Road Shows.
3. Verkäufertraining und Schulung von Kundenmitarbeitern.
4. Sonderangebote und großzügige Bemusterungen.
5. Aktiver Einsatz von Erfolgsstories und Referenzen.
6. Einladung von potenziellen Abnehmern zu „Paradekunden".
7. Preispolitische Maßnahmen und Probeangebote.
8. Aufbau und Einsatz des Mediums „Friendly Third Party".
9. Produktpropagierung auf Messen und Ausstellungen.

Auf dem zweiten Gebiet, der *Erhöhung des Gewinns bzw. Deckungsbeitrags*, bieten sich ebenfalls verschiedene Maßnahmen an, um die angestrebten Ziele zu erreichen. Dazu gehören:

1. Preiserhöhungen für ausgewählte Produkte.
2. Abbau von Service- und Kundendienst-Personal.
3. Reduzierung von Kostenstellen-Belastungen.
4. Einschränkung von Werbemaßnahmen und Messebeteiligungen.
5. Gezielte Verstärkung von Werbemaßnahmen.
6. Höhere Verkaufspreise durch Produktdifferenzierung.
7. Maßnahmen zur Steigerung des Produkt-Image.

Die Aufgabe des Product Managers besteht darin, sein Produkt bzw. seine Produktgruppe möglichst perfekt zu „managen", d. h. alles zu tun, dass mit dem Produkt die besten Ergebnisse erzielt werden. Häufig wird dies allein unter dem Gesichtspunkt des Absatzes gesehen und die Qualität des produktverantwortlichen Managers ausschließlich an den Verkaufszahlen gemessen. Diese Betrachtungsweise ist zu eng. Das Tätigkeitsfeld des Product Managers liegt nicht allein im Markt und bei den Kunden, sondern auch im eigenen Unternehmen. Denn es ist einerseits seine Aufgabe, „draußen" beste Konditionen für den kontinuierlichen, steigenden Absatz zu schaffen, strategisch sinnvolle Ziele zu setzen und immerzu daran zu arbeiten, dass Zufälle und Unwägbarkeiten ausgeschlossen werden. Und andererseits hat er in der eigenen Firma darauf hinzuwirken, dass die im Markt erzielten Mengenergebnisse den gewünschten Gewinn bringen und sein Produktangebot in sich so ausgewogen und attraktiv ist, dass es dauernde Nachfrage findet und auch den zukünftigen Bedürfnissen der Kunden gerecht wird.

16. Marktforschung

Product Manager können gute Leistungen nur erzielen, wenn ihnen möglichst breite und tiefe Informationen über das Geschehen im Markt zur Verfügung stehen. Denn über den Erfolg des von ihnen betreuten Produkts wird dort entschieden – wo die Händler, die Mitanbieter, die Meinungsbildner, die Abnehmer und Verbraucher sich aufhalten, wo sie ihre Ansichten äußern und ihre Entscheidungen fällen. Angaben über diese wichtigen Vorgänge erhält der Product Manager durch die Erforschung dieses Gegenstands, eben durch Marktforschung. Die Schwerpunkte der Marktforschungstätigkeit des Product Managers können mit wenigen Stichworten umrissen werden:

Sammlung und Analyse von Informationen über

- Konsumenten, Abnehmer, Verbraucher.
- Absatzpotenzial, Wettbewerb, Markttrends.
- Effizienz von Marketingentscheidungen.

Die konkreten Ziele, die der Product Manager durch die Marktforschung zu realisieren trachtet, sind im Folgenden aufgeführt.

Ziele der Marktforschung

1. Messung des Marktpotenzials.
2. Bestimmung der Charakteristika des Marktes.
3. Analyse der Marktanteile.
4. Klarheit über Verkaufsergebnisse.
5. Kenntnisse über neueste Trends.
6. Informationen über Produkte des Wettbewerbs.
7. Kurzfristige Prognosen (12 Monate).
8. Akzeptanz und Potenzial neuer Produkte.
9. Langfristige Prognosen (mehr als ein Jahr).
10. Informationen über die Preisbildung.
11. Testergebnisse zum bestehenden Produktangebot.
12. Aufstellung von Verkaufsquoten und -gebieten.

Es erhebt sich nun die Frage, wie in der Praxis vorzugehen ist, um die hier genannten Informationen zu erhalten. Grundsätzlich kommen dafür vier verschiedene Methoden in Frage.

Methoden der Marktforschung

1. *Umfragen mit Fragebogen*: Unabhängige, spezialisierte Marktforschungsinstitute oder eigene Marktforschungsabteilung. Durch persönliche Befragung, per Post oder Telefon.

2. *Umfragen nach Themenschwerpunkten*: Unstrukturierte Interviews, von Fachleuten im persönlichen Gespräch durchgeführt.

3. *Panel-Befragungen*: Informationssammlung bei immer gleichen Konsumenten oder Distributoren für Güterbewegungen (sog. Nielsen-Verfahren).

4. *Persönliche Recherchen*: Befragungen von Marktkennern und Kunden durch den Product Manager.

a) Das Fragebogen-Verfahren

Mit dieser Methode werden bestimmten Personen vorher genau festgelegt und aufeinander abgestimmt Fragen vorgelegt mit der Bitte um Beantwortung. Die Verlässlichkeit der so gewonnene Ergebnisse ist höchst unterschiedlich und hängt im Wesentlichen davon ab, wie die Befragung durchgeführt wird. Das Notieren von Aussagen zufällig in einer Fußgängerzone angetroffener Passanten ergibt mit Sicherheit erheblich zweifelhafte Resultate, während die professionelle Befragung einer genau definierten Gruppe durch qualifizierte Interviewer eines renommierten Markforschungsinstituts verlässliche Aussagen liefern müsste.

Auch die Bitte an leitende Angestellte, einen zugesandten Fragebogen ausgefüllt zurückzusenden, was in der Industrie häufig vorkommt, hat erhebliche Unsicherheitsfaktoren. Denn erfahrungsgemäß beteiligen sich nicht einmal 50% dieser Personen an derartigen Umfragen, und die Ergebnisse können daher keinesfalls als repräsentativ für die ausgewählte Gruppe angesehen werden. Denn was nutzte es dem Product Manager, wenn er mit diesem Verfahren Kunden befragte und etwa von einem Drittel der Befragten hört, dass die Hälfte von ihnen beispielsweise den Informationsgehalt einer bestimmten Veranstaltung „überzeugend" fand, während zwei Drittel seiner Kunden der Veranstaltung überhaupt keinen Wert beimaßen und daher den Fragebogen auch nicht beantwortet haben. Ein derart zustande gekommenes Ergebnis dürfte total unbrauchbar sein.

Auch die heutzutage häufig per Telefon durchgeführten Befragungen leiden unter der Tatsache, dass viele der wichtigen Meinungsbildner nicht zu erreichen sind und die Ergebnisse daher einseitig und damit falsch ausfallen.

Die besten Ergebnisse der Fragebogen-Marktforschung liefern ohne Zweifel die etablierten Institute, allerdings zu hohen Kosten. Denn die Entwicklung eines individuellen Fragebogens und die Durchführung vieler Interviews durch geschulte

Mitarbeiter ist recht aufwändig. Das wird verständlich, wenn man sich klar macht, dass die Beantwortung einiger vorformulierter Fragen wenig wirklich brauchbare Informationen liefert. Interessant und wissenswert ist meistens der Hintergrund eines bestimmten Vorgangs bzw. die Motivation, die ein gewisses Verhalten veranlasst hat. Es liegt auf der Hand, dass dazu nicht zwei oder drei Fragen ausreichen, sondern diverse Rück- und Kontrollfragen notwendig sind, was den Aufwand dieses Befragungsverfahrens weiter erhöht.

b) Interviews mit Fragenkatalog

Demoskopische Untersuchungen mit exakt vorbereiteten Fragen, wie im vorigen Absatz dargestellt, die der Interviewer ohne das geringste Zutun vorzulesen hat, geben präzise Informationen über Ansichten und Verhalten bestimmter Gruppen. Diese sind aber oft wenig aussagekräftig, weil das Umfeld und der Hintergrund unerforscht bleiben, es sei denn, es werden auch dazu noch gezielte Fragen entwickelt. Hier bestehen aber allein schon aus Kostengründen Begrenzungen, aber auch durch den sicher mehrstündigen Zeitaufwand, den die Durchführung eines Interviews erfordert und der für den Befragten in aller Regel unzumutbar ist.

Gute Ergebnisse zu vertretbarem Aufwand erbringen demgegenüber persönliche Befragungen anhand eines Fragenkatalogs. Hierbei werden die Interviews gewissermaßen individuell durchgeführt, d.h. mit nicht vorformulierten Fragesätzen, sondern mehr in Dialogform. Anhand des Katalogs befragt der Interviewer mit eigenen Worten ausgewählte Personen und erweitert das Thema, wenn immer dazu durch die Reaktion des Befragten Anlass besteht. So ergeben sich schon nach 10 bis 15 Interviews umfangreiche, bis in die Tiefe gehende Informationen, die ein klares Bild über den erforschten Gegenstand bilden. Voraussetzung für gutes Gelingen dieses Verfahrens sind sehr qualifizierte Interviewer und die Sicherheit, dass die richtigen Personen zur Auskunftserteilung herangezogen werden.

c) Panel-Forschung

Ein weiteres – vor allem im Konsumgütermarkt sehr verbreitetes – Verfahren ist die regelmäßige Überprüfung des gleichen Handelsbetriebs oder identischer Konsumenten anhand der so genannten Panelforschung. Die so erzielten Informationen geben Aufschluss über Distributionsvorgänge und Verbraucherverhalten, ohne dass es zu Abweichungen kommt, die sich durch Befragung jeweils neu zusammen gesetzter Gruppen ergeben könnten.

d) Persönliche Informationsbeschaffung

Unwissenschaftlich, aber sicher am ergiebigsten und ohne großen Aufwand durchzuführen ist die Marktforschung durch den Product Manager selbst. Anhand der Vorgaben seines Fact Books kann er kontinuierlich und konsequent daran arbeiten, die notwendigen Daten zu sammeln. Viele wird er im Laufe seiner routinemäßigen Kontakte mit Kunden, auf Vertreterkonferenzen, Fachtagungen und Messen gewinnen. Diverse wesentliche Fakten werden aber dennoch im Dunkeln bleiben. Daher muss er – genau wie ein professioneller Marktforscher – gezielt Besuche durchführen, um im persönlichen Gespräch mit Fachleuten diese Wissenslücken zu füllen.

Marktforschung ist ein wesentliches Instrument des Product Managers, um Transparenz über das Marktgeschehen zu gewinnen. Nicht nur im Vorfeld von Produkteinführungen liefert die Marktforschung entscheidende Daten, auch im laufenden Geschäft ist sie nicht fortzudenken. Der Product Manager soll Marktforschung daher zu seiner permanenten Aufgabe machen, die zwar selten an erster Stelle rangiert, aber grundsätzlich nie vernachlässigt werden darf.

17. Preispolitik

a) Der Preis - ein Kriterium mit vielfältigen Wirkungen

Wer im Wettbewerb auf die Dauer erfolgreich sein will, muss kontinuierlich für sein Angebot Abnehmer finden und dabei so gute Erlöse erzielen, dass nach Abdeckung aller Kosten ein Gewinn verbleibt, der die Eigentümer zufriedenstellt und dem Unternehmen Kraft zu weiterem Wachstum verleiht. Der sich ständig verstärkende Konkurrenzkampf macht die Realisierung dieses Ziels immer schwerer: Einerseits steigen die Kosten, weil der Markt laufend neue Aktivitäten verlangt, und andererseits sind Erlösverbesserungen durch Preisanhebungen wegen des starken Wettbewerbs nur sehr begrenzt möglich. Was tun die Unternehmen in dieser Situation? In den meisten Fällen konzentrieren sie sich ganz überwiegend auf die Analyse und Kontrolle der Kosten, um so die nötige Differenz zu den Erlösen sicherzustellen. Viel zu gering sind in der Regel die Bemühungen, auch am anderen Ende etwas für den Gewinn zu tun: Nämlich durch die Verbesserung der Erlöse.

Der Preis des Produkts

- Stellt eine überaus bedeutungsvolle Botschaft an den Markt dar.
- Vermittelt Kunden und Wettbewerbern ein wesentliches Merkmal der Geschäftspolitik des Unternehmens.
- Ermöglicht auf schnellste und wirksamste Weise, den Gewinn zu erhöhen.
- Ist daher ein entscheidender Teil der Marketingstrategie.

Die unmittelbare Beziehung zwischen Preisen und Gewinn macht deutlich, dass die Maßnahmen in der Preisgestaltung zu den wichtigsten Entscheidungen im Unternehmen überhaupt zu rechnen sind. Umso mehr erstaunt es, dass dabei oft wenig rational und wohldurchdacht vorgegangen wird. In vielen Unternehmen gelten für die Preisfestsetzung lediglich pauschale Vorgaben, die sich an übergeordneten Zielen orientieren: Zum Beispiel soll ein gewisser Marktanteil gehalten oder ausgebaut werden oder man möchte über eine gewisse Preisstruktur dem Wettbewerb das Leben schwer machen. In vielen Fällen wird der Verkaufspreis auch ganz simpel anhand der Kosten entwickelt, auf die ein bestimmter Prozentsatz aufgeschlagen wird.

Ganz generell ist festzustellen, dass in vielen Unternehmen unklare Vorstellungen über die optimale Preispolitik bestehen, häufig von den Mitarbeitern im Verkauf beeinflusst, die in ihrer Arbeit ständig mit Forderungen nach Preisreduzierungen konfrontiert werden und diese Erfahrungen mit besorgtem Unterton ins Unternehmen tragen. Vielfach gewinnt man den Eindruck, dass sich mit diesem wichtigen Thema niemand intensiv und anhaltend beschäftigt und dass durch dieses zögerliche Verhalten viele Chancen, die der Markt hergeben würde, vernachlässigt werden. Vom Product Manager wird gefordert, dass er auf dem Gebiet der Preispolitik professionelles, zielstrebiges und konsequentes Vorgehen zeigt, das auf klaren Erkenntnissen und eindeutigen Zielen aufbaut.

Die intensive Beschäftigung mit dem Preis und seiner Wirkung auf die Abnehmer, den Wettbewerb und die eigenen Verkaufsmitarbeiter gehört daher zu den wesentlichen Aufgaben jedes verantwortungsbewussten Product Managers. Er sollte sich daher laufend mit den folgenden Fragen beschäftigen, die sich an Ausführungen von E. B. Ross anlehnen.

Fragen an den Product Manager zu Preisen und Wettbewerb

1. Wissen Sie genau, wer in Ihrem Markt Preisführer ist?
2. Würde es Ihnen Probleme bereiten, die Preisstrategien Ihrer Wettbewerber zu beschreiben?
3. Kennen Sie den Zeitraum, den Sie einhalten sollten, ehe Sie Preisänderungen des Wettbewerbs folgen?
4. Haben Sie genaue Vorstellungen, wie Sie in Ihrer Branche Preisführer werden können?

(Werden die Fragen 1, 3 und 4 mit „Ja“ und die Frage 2 mit „Nein“ beantwortet, kann der Product Manager zufrieden sein. Andernfalls bleibt für ihn noch viel zu tun.)

Fragen an den Product Manager zur Preissystematik

1. Differieren die Deckungsbeiträge für gleiche Produkte von Kunde zu Kunde erheblich?

2. Werden Preismitteilungen an die Abnehmer nach exakten Plänen vorbereitet und durchgeführt?
3. Werden die Preise bei Ihnen strikt auf Basis der Kosten ermittelt?
4. Existiert bei Ihnen ein ausgefeiltes, strenges Verfahren der Preisfestlegung?

(Werden die Fragen 2, 3 und 4 mit „Ja“ und die Frage 1 mit „Nein“ beantwortet, kann der Product Manager zufrieden sein. Andernfalls bleibt für ihn noch viel zu tun.)

Fragen an den Product Manager zur Preisstrategie

1. Werden die meisten Preisvereinbarungen auf dem niedrigsten – intern zugelassenen – Niveau getroffen?
2. Ist bei Ihnen bekannt, welchen wirtschaftlichen Nutzen Ihre Produkte für die Kunden haben?
3. Haben Sie das Gefühl, dass die Wettbewerber Ihre Preisaktionen oft vorauszuahnen scheinen?
4. Werden Ihre Preise so kalkuliert, dass man aus ihnen kundenspezifischen Zusatznutzen (z.B. spezielles Design, Zusatzeinrichtungen, Anlieferung etc.) ohne weiteres ablesen kann?

(Werden die Fragen 2 und 4 mit „Ja“ und die Fragen 1 und 3 mit „Nein“ beantwortet, kann der Product Manager zufrieden sein. Andernfalls bleibt für ihn noch viel zu tun.)

Diese Fragen geben einen Eindruck von der Bedeutung des Preises, und sie zeigen, welche weitreichenden Folgen die unprofessionelle Handhabung dieses wesentlichen Arbeitsbereichs haben kann.

Preise sind immer ein heikles Thema, und sie werden in vielen Unternehmen daher oft widerwillig und als ein lästiges Übel behandelt. Diese Zurückhaltung ist zu verstehen, denn es gibt Märkte, in denen bei Preiserhöhungen der Wettbewerb sofort mitzieht, was zu einer alle schädigende Preisschlacht führen kann, bei der schließlich alle Verluste machen. Manche Manager wollen daher lieber vorsichtig und schrittweise vorgehen, um nur ja nichts falsch zu machen – bei den Kunden und dem Wettbewerb. Aber dieses Verhalten lässt viele Marktchancen ungenutzt und ist daher für den progressiven Product Manager keineswegs empfehlenswert. Gefragt ist Aktivität, planmäßiges und konsequentes Vorgehen, um gezielt auszuschöpfen, was der Markt hergibt.

b) Preispolitische Erwägungen

(1) Aspekte der Preisfindung

Bei allen Überlegungen zur Preisbildung kommt zunächst der Frage besondere Bedeutung zu, wie der Kunde den Preis überhaupt wahrnimmt. Die Fixierung einer Preisangabe auf eine ganz bestimmte Größe sagt in der Regel noch nicht viel aus, weil verschiedene Gesichtspunkte dabei nicht erwähnt bleiben. Wie zum Beispiel:

- Schließt dieser Preis auch Aufstellungskosten ein, den Transport und die Rücknahme der Verpackung?
- Werden Mengennachlässe oder Jahresendrabatte angeboten?
- Gibt es spezielle Regelungen der Finanzierung und wie sehen diese aus?

Auch der Zeitpunkt einer Preiserhöhung kann in diesem Zusammenhang eine Rolle spielen, wenn nämlich ein Anbieter nicht als erster tätig wird, sondern nur nachzieht und damit den Anschein eines Niedrigpreisanbieters erweckt.

(2) Wie gewinnen wir Klarheit über Umfang, Struktur und Zeitpunkt für Preiserhöhungen?

Die Erfahrung zeigt, dass Unklarheit über die hier genannten Punkte zumeist in nicht ausreichenden Informationen zu suchen ist. Wenn sich der Product Manager mit Preiserhöhungen beschäftigt, muss er verlässliche Daten über die eigenen Kosten, dazu über das am Markt bestehende Preisniveau und über die Einschätzung des Angebots durch die Kunden besitzen. Außerdem muss er Kenntnisse haben über den Ablauf der Beschaffungsentscheidungen bei den Abnehmern. Weitere Kriterien, die beobachtet werde müssen, betreffen die Inflationsrate, Kostenentwicklungen bei Rohstoffen und Energie und schließlich mögliche Reaktionen der Wettbewerber.

(3) Es gibt keinen Einheitspreis

Für den Product Manager muss beim delikaten Thema der Preisfindung klar sein, dass es *den Einheitspreis* nicht gibt. Denn die theoretisch ideale Vorstellung, dass sich die Abnehmer stets bei den günstigsten Anbietern eindecken, trifft in der Wirklichkeit nicht zu. Gründe, warum auch zu nicht optimalen Konditionen gekauft wird, bestehen auf der Abnehmer- und Anbieterseite.

Bei den Abnehmern ist es vielfach die Neigung zu einer traditionsbewussten „Lieferantentreue", die den Wechsel zu einem neuen und preisgünstigeren Anbieter blockieren. Oder einfach eine gewisse Trägheit, die dazu führt, alte Beziehungen aufrechtzuerhalten. Auch die Befürchtung, dass durch die Änderung eines Lieferanten finanzielle und technologische Risiken entstehen könnten, halten manche Beziehung stabil. Denn wer sich mit neuen Zulieferern einlässt, befürchtet nicht zu Unrecht mögliche Mängel in der Qualität und in der Zuverlässigkeit. Und schließlich sind es auch die Kosten, die intern durch einen Lieferantenwechsel entstehen (z.B. durch Anpassung an einen anderen Lieferrhythmus, andere Verpackung oder andere Lagervorschriften), die zum Festhalten an alten Verbindungen führen.

Heute sind die Abnehmer mit ihren Lieferanten oft so stark in ihren Beziehungen „verzahnt", dass ein neuer Anbieter erhebliche Vorteile liefern muss, um näher in Erwägung gezogen zu werden. Nicht zuletzt die heute durchgehend übliche elektronische Datenverarbeitung macht die Systeme schwerer veränderbar: Wo früher durch die Übermittlung von ein paar Zeichnungen und technischen Daten eine Lieferanten/Abnehmerbeziehung herstellbar war, werden heute unzählige Angaben benötigt, die in die Computersysteme auf beiden Seiten „passen" müssen. Damit sind häufig so erhebliche Arbeiten verbunden, dass nur geringfügig bessere Konditionen keinen Wechsel herbeiführen.

Schließlich muss ein weiterer Gesichtspunkt erwähnt werden, der viele Abnehmer zögern lässt, aufgrund geringfügig günstigerer Preise den Lieferanten zu wechseln: Es ist das oft undurchsichtige Preisniveau in der entsprechenden Branche. Ist dem Abnehmer nicht von vornherein klar, was an dem abgegebenen Preis schließlich alles noch „dranhängt“, wird er sich gut überlegen, ob er eine neue Geschäftsbeziehung eingehen soll und im Zweifelsfall lieber davon absehen.

Auch auf Seiten der Anbieter kommt es aufgrund der verschiedensten Faktoren zu uneinheitlichen Preisen. Diese entstehen zum Beispiel durch unterschiedlich hohe Transportkosten, aber auch generell durch die Konditionen und den Umfang des Service, den ein Unternehmen seinen verschiedenen Abnehmern bietet. Aus dieser Tatsache ist der Schluss zu ziehen, dass die Preise umso mehr auseinander gehen, je intensiver der Wettbewerb in einer Branche ist. Und demgemäß bestehen umso mehr Möglichkeiten für eine aktive Preispolitik.

c) Die Preisstrategie

(1) Produkt- und Kundennutzen

Wie aus den bisherigen Ausführungen ersichtlich ist, gibt es in den meisten Märkten bei den Preisen gewisse Spannbreiten, und aus dieser Tatsache ist abzuleiten, dass es daher auch die Möglichkeit der Preisveränderung gibt. Diese variiert natürlich von Markt zu Markt, und Massengüter sind dafür weniger geeignet als Spezialitäten in Marktnischen.

Günstige Möglichkeiten für die Festsetzung hoher Preise ergeben sich bei der Einführung neuer Produkte (s. 9. Kapitel). Denn in vielen Fällen sind die Abnehmer dann weniger preisempfindlich, und zwar aus folgenden Gründen: Zunächst kommt es ihnen mehr darauf an, das neue Erzeugnis kennen zu lernen und damit vertraut zu werden. Wie die Erfahrung zeigt, haben in dieser Phase alle anderen Überlegungen zunächst weniger Gewicht. Erst im Laufe der Zeit, wenn die Anwendung bzw. der Umgang mit dem neuen Produkt keine Probleme mehr bereitet, gerät der Preis mehr in den Vordergrund. Wenn schließlich alle Anfangsschwierigkeiten überwunden sind und der Einsatz des neuen Produkts zur Routine geworden ist, verlagern sich die Aktivitäten beim Abnehmer von der Technik zum Einkauf, und von dort gehen dann deutliche Forderungen nach Preissenkungen aus (siehe Tab. 2).

Neben diesen Faktoren spielt für die Preisgestaltung das Verhalten des Wettbewerbs eine große Rolle.

(2) Entspricht der Preis dem Produktwert?

Grundsätzlich ist festzustellen, dass Produkte und Leistungen nur abgesetzt werden können, wenn dem Erwerber daraus ein Nutzen entsteht. Wie der Product Manager in der Praxis vorgehen kann, eine überzeugende Nutzenargumention zu entwickeln, ist in meinem Buch „Strategisches Vertriebsmanagement“, (Heidelberg 1997, S. 109 ff.) ausführlich dargestellt. Hier soll diese Gesetzmäßigkeit jetzt nur unter dem Preisgesichtspunkt abgehandelt werden.

Erfahrene Einkäufer lassen sich bei Beschaffungsentscheidungen nicht allein von den Vorteilen beeinflussen, die der Erwerb eines bestimmten Gegenstandes mit sich bringt, sondern sie sind auch immer bestrebt herauszufinden, welche Kosten und Risiken mit dem Kauf verbunden sind. Diese können zum Beispiel darin liegen, dass Trainingsmaßnahmen für die eigenen Mitarbeiter notwendig werden, weil der Umgang mit dem neuen Produkt nicht bekannt ist. Es ist aber auch der Fall denkbar, dass ein neues Produkt, z.B. eine Maschine, deutlich bessere Verarbeitungsqualität hervorbringt, die die Kundenabnehmer aber gar nicht benötigen und daher auch nicht bezahlen wollen.

(3) Hilft der Preis dem Einkäufer?

Im komplexen Verkauf hat es der Verkäufer nur selten mit einem einzigen Gesprächspartner auf der Abnehmerseite zu tun, den er von seinen Leistungen überzeugen muss. Häufig sind es mehrere Personen mit unterschiedlichen Aufgaben und Interessen, die er auf seine Seite bringen muss. In jedem Fall muss er dabei die Zielrichtung seiner Argumentation auf „die Welt“ seines Gesprächspartners ausrichten und den Preis ins Verhältnis zum jeweils gefragten Nutzen bringen. Besonderes

Tab. 2: Entwicklung einer Kundenbeziehung und ihre Auswirkung auf die Kundenkosten

Zeit	Situation beim Kunden	Interesse des Kunden
1. Phase Aufbau der Beziehung	Produkt ist neu, Produkt muss funktionieren. Starker Einfluss von Technik und Produktion auf die Kaufentscheidung. Status: Sonderbesteller	Hohe Produktqualität. Bedarf an Verkaufs- und Serviceunterstützung. Preis nicht so wichtig.
2. Phase Normalisierung der Beziehung	Erfahren mit Produkt, vertraut mit Lieferunternehmen. Größeres Gewicht der Einkaufsabteilung, Engagement von Technik und Produktion geht zurück. Status: Passiver Kunde/Niedrigstpreis-Besteller	Interesse für Verkaufs- und Serviceleistung nimmt ab. Erhöhte Preissensibilität.
3. Phase Langjährige Beziehung	Erhält (preiswerte) Angebote vom Wettbewerb. Beschaffungsprozess ist Routine geworden. Bestrebungen zur Kostensenkung. Status: Niedrigstpreis-Besteller/Aggressiver Kunde	Weitere Reduktion der Unterstützung, vielleicht gänzlicher Verzicht. Forderung nach Preiszugeständnissen.

Augenmerk muss er dem Einkäufer zuwenden, weil dieser schließlich für den vereinbarten Preis intern den Kopf hinhalten muss. Der professionelle Product Manager wird daher ein Bündel von möglichen Maßnahmen bereitstellen, mit denen in der kritischen Endphase der Verkaufsverhandlungen die Zustimmung des Einkäufers erreicht wird. Hierzu zählen Nachlässe, Rabatte und Rückvergütungen, Zahlungsziele und Ersatzteilpreise, Garantie- und Lieferzusagen. Diese Medien sind so einzusetzen, dass sie den Einkäufer überzeugen und ihn gleichzeitig in die Lage versetzen, intern einen guten Eindruck von seinem Verhandlungsgeschick zu vermitteln.

(4) Preisänderungen in der Branche

Bei Preisfestlegungen ist immer auch zu berücksichtigen, wie die Entwicklung in der Branche aussehen wird. In sehr vielen Fällen neigen die Preise dazu, sich im Laufe der Zeit zu ermäßigen, weil höhere Produktionsmengen Kostenrückgänge bringen, weil die Arbeitsproduktivität verbessert und weil fertigungstechnischer Fortschritt erzielt wird. Der Product Manager muss daher sehr genau untersuchen, wie er seinen Preis festsetzt: Startet er auf einem zu niedrigen Niveau, wird er zur Sicherung des notwendigen Gewinns Probleme bekommen, wenn er Anhebungen vornimmt. Ist sein Preis von Anfang an sehr hoch, wird er Wettbewerber anlocken und damit Schwierigkeiten haben, die Produktionsmenge so zu steigern, wie es für das Überleben des Produkts notwendig wäre.

(5) Reaktionen des Wettbewerbs

In jedem Fall muss dazu aber auch die Reaktion der Mitanbieter berücksichtigt werden. Wer auf einem Massenmarkt tätig ist, kann in der Regel gut abschätzen, wie sich die Mitanbieter bei Preisänderungen verhalten werden. Sehr viel schwieriger ist die Lage für Anbieter von Spezialitäten, weil der Produktnutzen hier viel schwerer zu definieren ist und geringerer Wettbewerbsdruck besteht.

Für die realistische Abschätzung der voraussichtlichen Reaktion der Mitanbieter auf Preisänderungen ist detaillierte Vorarbeit nötig, konsequentes Handeln und ein langer Atem. Denn Angaben über das Verhalten der anderen Firmen sind nicht auf dem Marktplatz erhältlich, sondern müssen selbst mit Ausdauer und Hartnäckigkeit gesammelt werden. Anhaltspunkte liefern die folgenden Quellen bzw. Kriterien:

- Prinzipielle Geschäftspraktiken
- Produktions- und Vertriebskosten
- Stand der technischen Ausrüstung
- Produktinnovationen
- Marktpräsenz, Anzahl und Qualität der Verkäufer
- Intensität der technischen Kundenbetreuung
- Ausmaß der Werbung

Darüber hinaus ist es angebracht, systematisch die Preise zu registrieren, mit denen die wesentlichen Wettbewerber im Markt Aufträge hereinholen. Dies ist keine leichte Aufgabe, ihr Ertrag aber von großem Nutzen, da so Erkenntnisse gewonnen werden, ob und wie Preisveränderungen die gewünschte Wirkung erzielen.

(6) Preiselastizität erforschen und nutzen

Das Thema „Preiselastizität" ist für die gesamte Preispolitik von größter Bedeutung, und es muss daher hier, wenn auch kurz, auf dieses Phänomen eingegangen werden. Die Preiselastizität beschreibt das Verhalten der Abnehmer auf Preisänderungen. Reagieren sie sehr sensibel auf Preisänderungen, muss das in der Preisstrategie berücksichtigt werden, und zwar derart, dass der Wettbewerber möglichst unterboten wird. Ist die Nachfrage dagegen recht starr, sind Veränderungen nach oben eher von Erfolg gekrönt. Ähnlich verhält es sich mit der Preistransparenz. Ist jedermann im Markt klar, wo der Preis für ein bestimmtes Produkt angesiedelt ist, ist dem Product Manager eher Zurückhaltung bei Erhöhungen angeraten, weil sonst schnell Marktanteile verloren gehen können. Ist das Gegenteil der Fall, herrscht also weitgehende Unklarheit über das Preisniveau, sind eindeutig bessere Chancen für Erhöhungen gegeben.

d) Checkliste für die Qualität des Preisfindungsprozesses

	sehr gut	gut	weniger gut	gar nicht
1.Wir bewerten den Nutzwert unseres Produkts aus Sicht der Kunden:	___	___	___	___
2. Wir berücksichtigen Schwankungen im wahrgenommenen Nutzwert:	___	___	___	___
3. Wir haben Kenntnisse über die Preisempfindlichkeit der Kunden:	___	___	___	___
4. Wir legen eine optimale Preisstruktur fest:	___	___	___	___
5. Wir berücksichtigen die Reaktionen der Wettbewerber:	___	___	___	___
6. Wir überwachen die tatsächlich erzielten Preise:	___	___	___	___
7. Wir analysieren und nutzen die emotionalen Reaktionen auf der Kundenseite:	___	___	___	___
8. Wir stellen die Erträge den Servicekosten gegenüber:	___	___	___	___

e) Der Effekt einer Preiserhöhung

Es wurde erwähnt, dass der richtigen Preisfestsetzung eine ganz überragende Bedeutung zukommt, weil dadurch am schnellsten und nachhaltigsten positiver Einfluss auf den Gewinn genommen werden kann. Viele Vertriebsleute vernachlässigen diesen Gesichtspunkt und befassen sich bei Überlegungen zur Gewinnsteigerung viel zu häufig mit Maßnahmen zur Umsatzerhöhung. Ein gutes Beispiel für die Wirkung des Preises geben M.V.Marn/R.L.Rosiello. Sie belegen, dass Preiserhöhungen oft eine drei- bis viermal so hohe Wirkung auf die

Rentabilität haben als eine Umsatzsteigerung. Sie führen dazu ein durchschnittlich produktives Unternehmen an und legen dar, dass dort *ein Prozent mehr Umsatz* (bei unverändertem Preis) zu einer Gewinnsteigerung von 3,3% führt. Im Vergleich dazu bewirkt eine *Preiserhöhung um ein Prozent* (bei gleichem Umsatz) eine Gewinnerhöhung um 11%. Diese Zahlen machen deutlich, dass dem Thema „Preis“ unter den Aufgaben des Product Managers wirklich höchste Bedeutung zukommt.

18. Die Preisgestaltung in der Praxis

In vorigen Kapitel sind die verschiedensten Aspekte des Preises behandelt worden, um zu zeigen, wie vielschichtig und für den Unternehmenserfolg wesentlich die richtige Preispolitik ist. Viele Punkte sind dabei nur kurz angerissen worden, und es wurde bewusst auf eine Vertiefung verzichtet, weil sie die Zielrichtung dieses Buches übersteigen würde.

Die Absicht dieses Buches besteht in diesem Abschnitt darin, beim Leser Sensibilität für „den Preis“ zu erzeugen und ihn anzuregen, die Probleme und Chancen, die dieser Sektor bietet, genau und wiederholt zu analysieren, um dann möglichst optimale Prozesse einzuleiten. Mit dem Phänomen „Preis“ sind aber nicht nur strategische, auf langfristigen Erfolg ausgerichtete Überlegungen verbunden, sondern auch viele Aktivitäten im normalen Geschäft, die nicht immer professionell ausgeführt werden. In diesem Kapitel sollen daher einige Grundsätze und Empfehlungen ausgesprochen werden, die unmittelbar in der täglichen Arbeit einzusetzen sind.

a) Transparente und verständliche Preisstruktur

Preise bedeuten in der Kommunikation zwischen Lieferfirma und Abnehmern ein wesentliches Kriterium und sollen daher in einer Form dargestellt werden, dass sie zu einer positiven Gestaltung der Beziehungen beitragen. Die Forderungen lauten daher:

Das Preissystem soll

- logisch und verständlich sein,
- von den eigenen Mitarbeitern verstanden und souverän beherrscht werden,
- gewissenhaft und korrekt gehandhabt werden,
- auch auf höherer Ebene im eigenen Unternehmen verbindlich sein,
- Kunden einleuchten und
- von der Seriosität des dahinter stehenden Unternehmens überzeugen.

Für die Akzeptanz des Preissystems im Markt sind zwei Faktoren besonders wichtig: die Zuverlässigkeit der Preisangabe und die Offenheit über Nachlässe. Damit ist gemeint: Kunden oder potenzielle Abnehmer müssen den in den formalen Preisunterlagen ausgewiesenen Angaben vertrauen können, sie müssen wissen, dass diese Werte für alle Kunden die gleiche Bedeutung haben, und dass der Wunsch nach Rabatten nach einem allen Abnehmern zugänglichen System behandelt wird.

In vielen Firmen wird die Ansicht vertreten, dass diese Offenheit unrealistisch und unbrauchbar ist, und es wird entsprechend gehandelt: Mit letztlich nichtssagenden Preisangaben, auf die sofort und je nach Stellung im Unternehmen Nachlässe eingeräumt werden. Sicher gibt es Unternehmen, in denen gar nicht anders vorgegangen werden kann. Der Produktverantwortliche soll sich aber auch in diesen Fällen darüber klar sein, dass Unsauberkeiten in Preisverhandlungen immer einen negativen Eindruck hervorrufen, und er soll daher nicht nachlassen, an Verbesserungen zu arbeiten.

Schaden entsteht auch durch Maßnahmen auf der Chefetage, wenn sich dort ein „guter Kunde“ meldet und einen Spezialpreis verlangt. Viel zu schnell wird dem häufig nachgegeben, was im einzelnen Fall vernachlässigbar ist, bei Bekanntwerden im Markt aber viel böses Blut erzeugen kann. In diesem Fall hat der Product Manager oft nur begrenzte Möglichkeiten des effektiven Gegensteuerns.

Das Augenmerk soll noch auf einen weiteren Punkt gelenkt werden, der in der Praxis oft anzutreffen ist und – vermeidbaren – Schaden hervorruft. Gemeint ist der Preisnachlass infolge „äußerster Eilbedürftigkeit“. Häufig sind es die selbst schlecht organisierten Kunden, die unvermutet auftauchen, große Not melden und verlangen, dass ihnen innerhalb weniger Minuten völlig ausgefallene Konditionen eingeräumt werden. Vollblutverkäufer neigen dann schnell zu Zugeständnissen. Der Product Manager sollte aber ruhig Blut bewahren, die Seriosität der Anfrage erforschen und dann in Ruhe eine abgewogene Entscheidung treffen.

b) Nachlasssystem offen und effizient gestalten

Es wurde soeben dargelegt, dass der Product Manager für Offenheit und Disziplin im Preissystem sorgen soll. Damit ist nicht gesagt, dass er sich zu keinerlei ungewöhnlichen Preisnachlässen bereit finden soll; allein der heftige Wettbewerb macht derartige Maßnahmen heute in vielen Märkten unumgänglich. Aber auch hierbei gilt es Regeln einzuhalten, die dem finanziellen Erfolg des Unternehmens zugute kommen und das Ansehen der Firma im Markt prägen. Die Forderungen lauten hier:

Das Preissystem soll

- ein klares Verfahren für Preissenkungsanträge vorsehen,
- für Preissenkungen verständliche und nachprüfbare Begründungen verlangen,
- ein eindeutiges, jedermann verständliches Genehmigungsverfahren enthalten,
- kurze Wege und flexible Handhabung sicherstellen.

In dem hier dargestellten Forderungskatalog sind die wesentlichen Punkte aufgeführt, deren Nichteinhaltung interne und externe Probleme erzeugen. Das beginnt mit der Organisationsform des gesamten Prozesses: Wer kann die Senkung eines Verkaufspreises beantragen? In welcher Form hat das zu geschehen? An wen ist der Antrag zu leiten? Wer fungiert als Vertreter, falls der Zutreffende nicht erreichbar (im Urlaub, krank, auf Reisen) ist? Weiter wichtig sind die Regeln über die Begründungen für den Preisnachlass. Hier soll der Antragsteller nachweisen: Konkrete Situation im betreffenden Kundenbetrieb, voraussichtliche Folgen bei Nichteinräumung eines Sonderpreises, Verhalten der Mitanbieter, Einmalleistung oder Dauerpreis, Entgegenkommen des Kunden. Neben diesen wichtigen Formalitäten ist es für die Effektivität der Sonderpreisregelung äußerst wichtig, dass intern schnell und unbürokratisch gehandelt wird.

Empfehlung an den Product Manager:

- Vermitteln Sie den Verkäufern das Bewusstsein, dass bei Sonderpreisen bestimmte Regeln einzuhalten sind.
- Überwachen Sie das Funktionieren des Systems und arbeiten Sie kontinuierlich an Verbesserungen.
- Erläutern Sie dem Verkauf wiederholt den Sinn und Nutzen der Vorschriften für Preisänderungsanträge.

c) Preismitteilungen professionell durchführen

Der erste Vorwurf, der zu Recht den Preismitteilungen mancher Unternehmen gemacht wird, ist mangelnde Verständlichkeit. Der Grund liegt häufig darin, dass die in den Unterlagen erwähnten Begriffe für Außenstehende nicht in allen Punkten klar sind. Viel zu häufig werden Formulierungen verwendet, die nur Insidern geläufig sind. Der Mangel dieser Art der Präsentation ist offensichtlich: Kunden entnehmen den Unterlagen unzutreffende Informationen, sie stellen falsche Kalkulationen an, müssen beim Lieferanten zurückfragen usw. Häufig sind diese Dokumente auch nicht sehr lesefreundlich gestaltet, es fehlt dem Benutzer die Übersicht und eine eventuell sinnvolle Erklärungshilfe.

Eine weitere Schwäche bei Preismitteilungen ist ihre Unübersichtlichkeit, weil der Inhalt oft zu sehr nach Kriterien des anbietenden Unternehmens gestaltet wurde. Hinzu kommt häufig noch ein unattraktives Äußeres, d.h. die grafische Aufmachung und das gesamte Erscheinungsbild entsprechen nicht dem angestrebten Firmenimage.

Empfehlung an den Product Manager:

- Versetzen Sie sich in die Position eines Kunden und studieren Sie mit dessen Augen Ihre eigenen Preisunterlagen.
- Notieren Sie Unverständlichkeiten, Fehlendes und Überflüssiges.
- Fragen Sie Kunden nach Schwächen und Mängeln der Unterlagen im täglichen Gebrauch.
- Analysieren Sie die entsprechenden Unterlagen des Wettbewerbs und vergleichbarer Anbieter.
- Übernehmen Sie von dort bessere Lösungen.
- Definieren Sie die Mindestanforderungen in Druck und Grafik für die Preislisten.
- Bestimmen Sie die Gültigkeitsdauer der Unterlagen.
- Wählen Sie das bezüglich Nutzen und Kosten bestmögliche Verfahren.

Auch Unternehmen, die NICHT nach Preislisten verkaufen, sondern Angebote individuell kalkulieren und sie dem Kunden dann in speziell ausgearbeiteter Form zuleiten, haben hierbei häufig Verbesserungspotenzial. Denn diese Unterlagen sind häufig nicht kundengerecht zusammengestellt und verständlich gemacht. Da werden oft über Seiten Einzelheiten des Angebots erläutert, die in dieser Form unnötig sind und den Empfänger eher verwirren. Da werden in ungeschickter Weise „optionale Preise" angeführt, mit denen spezielle Varianten gemeint sind, die der Kunden aber vielleicht – aus Unverständnis – ganz anders deutet und falsch einordnet.

Preisangebote sollen so aufgebaut sein, dass sie den Kunden auf einen Blick über die wesentlichen Einzelheiten informieren, speziell was den Gesamtpreis betrifft. Alternativleistungen müssen als solche klar ersichtlich sein, und die Preisinformation muss beispielsweise in der Endzeile zeigen, dass der Gesamtwert in der *Grundausführung* den Preis *100* ausmacht, als *Alternative A* (mit dem Zusatz Z) den Endpreis *118* und als *Alternative B* (mit dem Zusatz ZZ) den Endpreis *150*.

Preismitteilungen an Kunden oder potenzielle Abnehmer stellen eine wesentliche Informationsleistung dar, die für das

Zustandekommen eines Liefervertrages große Bedeutung haben kann. Wer hierbei nachlässig oder ungeschickt-überbürokratisch vorgeht, kann sich schnell in ein schlechtes Licht bringen. Der Product Manager soll auch in diesem Zusammenhang bedenken: Es kaufen nicht Unternehmen, sondern Menschen. Und wenn diese sich Angebote von verschiedenen möglichen Lieferfirmen kommen lassen, von denen einige verwirrende Angaben enthalten, werden sie schnell in der Kategorie „Nicht geeignet“ abgelegt und bei der Endentscheidung vielleicht gar nicht mehr herangezogen.

Der Product Manager muss daher auch bei der Zusammenstellung der Preisinformationen an Abnehmer seinen Einfluss geltend machen und darauf hinwirken, dass diese Unterlagen optimal ausgerichtet werden: Dass die Art der Darstellung anspricht, dass die Ausführungen und Erläuterungen der einzelnen Positionen verständlich sind und dass der gesamte Inhalt dadurch beim Empfänger „gut ankommt“. Bei komplexen Angeboten, die ein größeres Volumen erreichen, sollte der Product Manager darüber hinaus sicherstellen, dass sie nicht einfach an den Kunden versandt, sondern ihm durch einen Verkaufsmitarbeiter persönlich erläutert und noch einmal „verkauft“ werden. Mögliche Abnehmer sind heute schwer zu finden und noch schwerer zu einer Angebotsaufforderung zu bewegen. Ist dieser Zustand aber erreicht, muss die verkaufende Firma sicherstellen, dass sie auch in der Endphase der Kundenentscheidung über die Wahl des geeigneten Zulieferers beste Karten hat.

d) Vorgehensweise bei Preiserhöhungen

In vielen Firmen werden Vorbereitung und Durchführung von Preiserhöhungen nicht planmäßig betrieben. Die Gründe dafür liegen wahrscheinlich auf zwei Gebieten: Erstens gibt es vielfach keine objektiven Kriterien, die feste Daten für den Zeitpunkt einer Preiserhöhung setzen, und zweitens gehören die Arbeiten, die mit diesem Vorgang verbunden sind, nicht zu den beliebtesten Tätigkeiten im Büro. Beides führt dann dazu, dass bei dieser wichtigen Handlung oft recht stümperhaft gearbeitet wird, was für das finanzielle Ergebnis und das Ansehen des Unternehmens nicht vorteilhaft ist.

Die häufigsten Fehler bei Preiserhöhungen:

- Zu kurzer Abstand zwischen Ankündigung und Wirksamwerden.
- Unprofessionelle Art der Mitteilung.
- Unverständliche und irreführende Informationen.
- Vermittlung an die falschen Kundenmitarbeiter.

Preiserhöhungen müssen im Leben des Product Managers eine ganz feste Position einnehmen, weil nur so präzise gearbeitet und amateurhaftes Vorgehen vermieden werden kann. Es muss zudem sichergestellt sein, dass die Art der Mitteilung professionell und überzeugend wirkt. Das betrifft sowohl die äußere Form wie den Inhalt und die Begründung für die Preisveränderung. Schließlich muss gewährleistet sein, dass diese Information die richtige/n Person/en erreicht.

Empfehlung an den Product Manager:

- Planen Sie auf 12 bis 24 Monate im Voraus die vorgesehenen Preiserhöhungen und setzen Sie verbindliche Daten.
- Schaffen Sie ein klares Ablaufschema für alle Aktivitäten der Preiserhöhung.
- Überprüfen Sie regelmäßig die Effektivität der an den Maßnahmen beteiligten Mitarbeiter.
- Treffen Sie klare, verständliche und möglichst überzeugende Aussagen in den Mitteilungen an die Kunden.
- Stellen Sie sicher, dass auch alle intern betroffenen Mitarbeiter (Verkauf, Innendienst, Buchhaltung) rechtzeitig über die Maßnahme informiert werden.
- Geben Sie Ihren Kunden eine angemessene Zeit, sich auf die neuen Preisgrößen einzustellen.

19. Die notwendige Kooperation mit der Produktion

a) Unternehmen müssen flexibel sein

Der Erfolg des Product Managements wird entscheidend davon geprägt, wie es gelingt, die häufig unregelmäßigen und manchmal ganz überraschend hereinkommenden Forderungen der Abnehmer schnell und präzise zu erfüllen. Denn in den stark vom Wettbewerb geprägten Märkten herrscht ständig viel Bewegung, die von den Teilnehmern ausgeprägte Flexibilität und viel Organsationsgeschick verlangt. War es vor Jahren noch üblich, dass zwischen Lieferanten und Abnehmern Vereinbarungen getroffen wurden, die über einen längeren Zeitraum liefen und ohne nennenswerte Änderungen von beiden Seiten präzise eingehalten wurden, so ist heute in vielen Branchen eher das Gegenteil anzutreffen: Aufträge werden häufig nicht in allen Punkten festgeschrieben, es werden bewusst Optionen auf Änderungen eingebaut, und die Laufzeit beträgt oft nur wenige Monate. Wie kommt es zu diesem Wandel und wie muss das anbietende Unternehmen darauf reagieren?

Heute herrscht auf den Märkten der hoch entwickelten Industrieländer ein intensiver Kampf um die Abnehmer, der dazu führt, dass die verkaufenden Unternehmen ständig an der Verbesserung ihres Angebots arbeiten, um ihre Kunden zu halten und möglichst neue hinzuzugewinnen. Durch dieses Verhalten sind Zulieferanten an langfristig festgeschriebenen Lieferverträgen gar nicht mehr interessiert, sondern möchten – unabhängig von allen Vereinbarungen – neue Produkte und Verfahren, wenn sie verfügbar sind, so schnell wie möglich ins Spiel bringen und verkaufen.

Mit diesem Verhalten treffen sie bei ihren Abnehmern auf offene Ohren, weil diese sich auch im ständigen Wettbewerbskampf befinden und daher Neuerungen, die Arbeitsprozesse vereinfachen und Kosten senken, jederzeit gern aufnehmen. Eine Folge dieser Situation ist eine früher unbekannte Hektik, in der nur das Unternehmen gewinnt, das schnell zur Stelle ist und durch rasches Handeln auf die aktuellen Abnehmerbedürfnisse reagieren kann. Da werden über Nacht Lieferzusagen nach oben oder unten verändert, da fordern Kunden entgegen den getroffenen Vereinbarungen vom Abnehmer plötzlich Produktmodifikationen oder ohne große Vorankündigung werden Umschichtungen von einer Produktvariante auf eine andere verlangt. Anbieter, die in diesen fast alltäglichen Marktvorgängen Reaktionsschwäche zeigen, haben im Wettbewerbskampf auf die Dauer nur geringe Überlebenschancen. Das starr auf einmal festgelegten Produktionszahlen agierende Unternehmen ist nicht zukunftsfähig. Eine schöne Formulierung für das notwendige Verhalten des modernen Unternehmens hat man bei Volkswagen in Wolfsburg gefunden. Dort spricht man vom „atmenden Unternehmen" und drückt damit in sehr plastischer Weise die Lebendigkeit und Anpassungsfähigkeit des Unternehmens an die sich ständig ändernde Nachfragesituation im Markt aus.

Das Geschehen auf den freien Märkten erinnert an die Gesetzmäßigkeiten, die der englische Forscher Charles Darwin über die Entstehung und Veränderung der Arten entdeckte. Wie er herausfand, haben sich im Laufe der Jahrtausende im ständigen Existenzkampf nur bestimmte Arten durchgesetzt und damit überlebt. Laien interpretierten diese Forschungsergebnisse später oft falsch, indem sie behaupteten, dass sich nach Darwin immer der *stärkere Typus* durchgesetzt hätte. In Wirklichkeit zeigten die Untersuchungen des Engländers, dass sich diejenigen Typen als überlegen erwiesen, die über die *größere Anpassungsfähigkeit* an veränderte Bedingungen verfügten. Und so ist es im Wettbewerbskampf heute: Nicht der größte und stärkste Anbieter obsiegt, sondern der flexible, reaktionsschnelle Lieferant.

Der verantwortungsbewusste Product Manager kennt diese Regeln des Marktgeschehens und wendet sein Augenmerk daher auch auf die Tätigkeit der Beschaffungsorganisation in seinem Unternehmen. Denn wenn flexibles Reagieren zu den wesentlichen Kriterien für Markterfolg zählt, muss er sicherstellen, dass seine Produktgruppe jederzeit auf Kundenbedarf schnellstens reagieren kann. Wie kann er dabei konkret vorgehen?

b) Produktion und Vertrieb haben unterschiedliche Interessen

Der Product Manager muss zunächst erkennen, dass sein wesentliches Betätigungsfeld nicht allein der Markt ist, sondern dass er auch im eigenen Unternehmen aktiv werden muss, um mit viel Einsatz und Ausdauer seine Produktgruppe zum Erfolg zu führen. Seine Gesprächspartner sind hier die leitenden Mitarbeiter in der Beschaffung bzw. Produktion.

Bei dieser Arbeit geht es darum, den Kollegen in der Herstellung klarzumachen, dass der Markt mit seinen Forderungen immer wieder mal „verrückt spielt" und dass das Unternehmen sich in die Lage versetzen muss, darauf schnell und präzise zu reagieren.

Um diesen Sachverhalt wirklich verständlich zu machen, muss der Product Manager das kontinuierliche Gespräch mit den Mitarbeitern in Einkauf und Beschaffung herstellen und immerzu daran arbeiten, um dort das notwendige Verständnis zu erzielen.

Die konfliktfreie, ergiebige Kommunikation zwischen Vertrieb und Produktion ist ein schwieriges Unterfangen, in dem bei unsachgemäßer Durchführung viel Porzellan zerschlagen wird und letztendlich wenig Konkretes herauskommt. Denn hier stoßen zwei Welten aufeinander, die höchst verschiedenartigen, ja geradezu entgegengesetzten Regeln folgen: Auf der einen Seite der Kundenbetreuer, der seinen Abnehmern immerzu alles recht machen möchte und sich dabei nicht auf früher getroffene Vereinbarungen berufen kann – und auf der anderen Seite der Beschaffer von Gütern, der in seiner Planungsarbeit ohne höchst exakte Größen- und Zeitangaben verloren wäre.

Es liegt auf der Hand, dass die in beiden Bereichen Tätigen die dazu passenden Eigenschaften, ja geradezu die notwendigen „Persönlichkeitsmerkmale" mitbringen: Den Vertriebler zeichnet unbürokratisches Verhalten aus, er stellt sich schnell auf neue Situationen ein und setzt sich bei Bedarf ungeniert über Regeln hinweg, während der Mitarbeiter in der Beschaffung bzw. Produktion eine mehr konservative Haltung einnimmt, mit Bedächtigkeit plant und handelt und nichts mehr verabscheut als Unregelmäßigkeiten und leichthin veränderte Daten. Beide werden so ihren Aufgaben bestens gerecht; es entstehen aber Probleme, wenn sie miteinander zu tun haben.

Höchst gegensätzliche Auffassungen vom richtigen Erfüllen ihrer Aufgaben haben Vertrieb und Produktion aber nicht nur bezüglich der Reaktion auf Marktforderungen. Auch in der Einschätzung der Kosten, die entstehen, wenn eine Charge „schnell mal" auf Kundenwunsch in unüblicher Form hergestellt werden soll: Hier neigt die Produktion häufig dazu, die notwendigen Sondermaßnahmen aus Unerfahrenheit und Vorsicht eher zu hoch anzusetzen, während der Vertrieb meint, dass zum Beispiel eine neue Farbe oder ein geringfügig verändertes Mischungsverhältnis eines bestimmten Produkts „doch nicht die Welt kosten könne".

Wieder stoßen grundsätzlich divergierende Ansichten aufeinander, es wird in den Abstimmungsgesprächen viel herum geredet und argumentiert, und jede Partei ist bestrebt, die eigene Position mit möglichst beeindruckenden Argumenten durchzusetzen. Eine Verständigung wird auch dadurch erschwert, dass beide Gruppen in ihren Standpunkten bewusst etwas übertreiben, um so Kompetenz zu zeigen und die eigene Stellung möglichst aufzuwerten. Die Folge ist, dass nur schwer eine übereinstimmende Meinung gefunden wird und dass die Teilnehmer beider Seiten nach Abschluss des Vorgangs oft kopfschüttelnd auseinander gehen, weil sich die Diskussion zuletzt nur noch im Kreise drehte. Schließlich wird dann doch irgend ein Kompromiss gefunden, ohne dass den beiden Parteien wirklich klar ist, warum sie überhaupt Zugeständnisse machen mussten.

Die Forderungen des Product Managers	**Der Standpunkt der Produktion**
„Wir müssen schnell auf Kundenwünsche reagieren.“	„Wir können ohne exakte Absatzpläne nicht arbeiten.“
„Wir können nur zu realistischen Kosten verkaufen.“	„Permanante Wünsche nach Sonderanfertigungen vereiteln sinnvolle Kostenpläne.“
„Wir benötigen ein vielseitiges Angebot.“	„Große Typenvielfalt führt zu unwirtschaftlichen Serien.“
„Wir brauchen regelmäßig neue Produkte.“	„Wir haben schon genug überflüssige Modelländerungen.“
„Ausreichende Kapazitäten müssen immer zur Verfügung stehen.“	Für den Ausbau der Fertigung benötigen wir verlässliche Umsatzplanungen.“

Eine weitere Quelle für Unstimmigkeiten zwischen Product Manager und Produktion kann sich auf dem Gebiet der Entwicklung neuer Produkte ergeben. Der Vertrieb mahnt ganz selbstverständlich Weiter- und Neuentwicklungen an, um neue Abnehmer zu finden und um bei bestehenden Kunden den Umsatz auszuweiten. Dem stellt die Herstellung Zeit- und Kostenprobleme entgegen und die Tatsache, dass in der Vergangenheit schon viel unternommen wurde und sich – wie die Lagerbestände zeigen – viele der neuen Varianten gar nicht so gut absetzen ließen, wie der Verkauf früher einmal zugesagt hatte. Auch hier das Problem unterschiedlicher Interessen: Draußen im Markt werden immer wieder Neuigkeiten verlangt, und auf der Produktionsseite sieht man unbewegte Lagerbestände und totes Kapital. Welche Möglichkeiten gibt es für den Product Manager, diese unüberbrückbar erscheinenden Gegensätze zu überwinden oder sie zumindest abzubauen?

c) Die Schwierigkeiten der Zusammenarbeit mit der Herstellung

Grundlegende Interessengegensätze, wie sie zwischen Vertrieb und Produktion bestehen, sind nur schwer aus der Welt zu räumen, und die normalen Verfahren der innerbetrieblichen Kommunikation bleiben hierbei in aller Regel ohne Wirkung. Wenn der Product Manager etwa eine interne Konferenz benutzt, um dort auf die Wichtigkeit der Produktionsausrichtung auf den Markt hinzuweisen, wird dieser Beitrag sicher nicht einmal ein Nicken der Beteiligten hervorrufen, geschweige denn sofortige Maßnahmen auslösen. Auch Telefongespräche mit den leitenden Herren der Produktion oder schriftliche Appelle werden nur in Ausnahmefällen die erwünschten Aktionen in Gang setzen. Denn Arbeitsvorgaben und Mentalitätsunterschiede weisen in unterschiedliche Richtungen und sind durch oberflächliche Aktionen nicht auf eine Linie zu bringen.

Selbst wenn das Product Management Vorgesetzte und andere Führungskräfte einschaltet, um seine Forderungen durchzusetzen, wird eine nachhaltige Anpassung der geradezu entgegengesetzten Arbeitsweisen nur selten erreicht. Das liegt schon daran, dass die Topmanager, die nun hier für glatte Arbeitsabläufe und verständnisvolle Kooperation sorgen sollen, vom Basisgeschehen viel zu weit entfernt sind, um die berechtigten Positionen der beiden Kontrahenten richtig einschätzen zu können. Da heißt es dann schnell: „Der Vertrieb muss ja auch nicht auf jede noch so geringe Kundenäußerung sofort mit Volldampf abfahren, sondern man kann auch mal versuchen, mit den bestehenden Produkten eine vernünftige Lösung anzustreben.“ Und in Richtung Produktion wird geäußert: „Hin und wieder ein bisschen mehr Flexibilität wäre bestimmt möglich und sicher auch zu realisieren.“ Derartige Kommentare führen zu nichts, sie verbittern höchstens die

Beteiligten, weil sie ihnen zeigen, wie wenig die Top Manager die tatsächlich bestehenden Schwierigkeiten erkennen und wie unprofessionell sie sich zu ihrer Lösung einsetzen.

d) Arbeitsprozesse verständlich machen

Verständnis für die andere Seite wird nur erreicht, wenn der Abteilungsfremde durch eigene Anschauung erkennt, wie „drüben“ das Geschäft in der Praxis abläuft. Wenn er erlebt, wie schwer es für die Kollegen ist, die vorgegebenen Leistungswerte zu realisieren, wenn er versteht, wieviel Einsatz und Umsicht nötig ist, um die häufig unerreichbar erscheinenden Ziele zu verwirklichen. Das heißt ganz konkret: Der Mitarbeiter in der Produktion muss mit eigenen Augen sehen, was im Markt wirklich los ist, wie schwer Kunden zu gewinnen und bei Laune zu halten sind und was die Wettbewerber alles unternehmen, um Vorteile zu erzielen und andere Anbieter aus dem Markt zu drängen. Und der Product Manager muss sich durch eigene Anschauung ein Bild machen von den Problemen der Rohstoffbeschaffung, von Energiekosten und Vorlaufzeiten, von Fertigungsstandards, Fehlzeiten und Überstundenvergütungen. Nur wenn die beiden Gruppen erleben, welcher ungeheure Aufwand erforderlich ist, um die geforderten Arbeitsergebnisse zu erzielen, werden sie anfangen, die andere Seite zu verstehen. Und erst dann können sie gemeinsam darüber sprechen, wie sie ihre so ungleichartig verlaufenden Interessen zusammenführen können.

e) Der Zwang zum kontinuierlichen Gespräch

Die grundsätzlichen Divergenzen zwischen den Bereichen Product Management und Herstellung sind nur zu lösen durch intensive und regelmäßige Kontakte und die Erläuterung der unterschiedlichen Einstellungen und Handlungsweisen. Dazu müssen beide Seiten zunächst erkennen, dass die nachhaltige Beschäftigung mit den Problemen und Zwängen der anderen Seite wesentliche Voraussetzung für den Spannungsabbau ist. Sodann müssen sie bereit sein, sich mit ganz fremden Tätigkeiten vertraut zu machen, und schließlich müssen sie entschlossen sein, sich lange zu engagieren.

Zur Vorbereitung auf die Abstimmungskontakte mit der Produktion soll sich der Product Manager auf folgende Fragen einstellen:

1. Wo liegen die fertigungstechnischen Möglichkeiten und Grenzen der Produktion?
2. Welche Dimensionen haben Umrüstzeiten und Probeläufe?
3. Welche grundlegenden Fragen fallen bei Produktions-Planungs-Gesprächen an und wie werden sie gelöst?

Die Produktion muss sich demgegenüber für die folgenden Fragen interessieren:

1. Welche Zielsetzung hat die Absatzstrategie und welche Produkt-Promotions sind geplant?
2. Wie lauten konkret die Erwartungen unserer Abnehmer?
3. Welche Leistungen des Wettbewerbs kommen bei den Kunden besonders gut an?

Die praktikabelste Methode, Zugang zu den Problemen der anderen Seite zu gewinnen, liegt in der Teilnahme an deren Strategie- und Planungskonferenzen. Denn hier werden in der Regel alle wesentlichen Vorgänge besprochen, Ergebnisse, Pannen und Unzulänglichkeiten diskutiert, und es entsteht dadurch ein Bild, das die Aufgabenproblematik für Außenstehende besonders deutlich macht. Die Forderungen an die beiden Gruppen lauten daher:

- Leitende Mitarbeiter der Produktion nehmen in regelmäßigen Abständen an Verkaufs- und Marketingmeetings teil.
- Product Manager besuchen Produktionsplanungs-Konferenzen.
- Produktionsleiter begleiten die Mitarbeiter des Außendienstes auf Kundenbesuchen.
- Product Manager informieren sich an Ort und Stelle über Produktionsabläufe.
- Beide Gruppen führen regelmäßig spezielle Informations- und Abstimmungsgespräche durch.

Um eine möglichst spannungsfreie Kooperation zwischen Product Management und Herstellung zu erreichen, müssen von den Beteiligten folgende Verfahren eingesetzt werden:

- Informationsvermittlung
- Permanente Kommunikation
- Regelmäßiger Erfahrungsaustausch
- Abstimmung über Arbeitsergebnisse und neue Projekte

Die Kommunikation und Abstimmung von Maßnahmen ist *die Voraussetzung* für den Abbau der Zieldifferenzen. Konkrete Verbesserungen werden aber erst dann eintreten, wenn die Beteiligten darüber hinaus Änderungen in ihrem Verhalten herbeiführen. Gefordert ist folgende Vorgehensweise:

1. Probleme erkennen und beschreiben.
2. Lösungen entwickeln.
3. Maßnahmen definieren.
4. Aktionen veranlassen.
5. Ergebnisse überprüfen.

Es wird individuelle Fälle geben, in denen der Product Manager nur begrenzte Möglichkeiten hat, die hier dargestellten Aktivitäten wirklich umzusetzen. Sei es, dass das Werk räumlich zu weit entfernt ist oder dass die Firmenkultur funktionsübergreifende Maßnahmen der geschilderten Art nicht zulässt. Der Product Manager soll aber erkennen, dass die Kooperation mit der Beschaffung auf seine eigenen Ergebnisse erheblichen Einfluss hat und er daher ständig an ihrer Intensivierung arbeiten soll.

Es soll hier noch einmal unterstrichen werden, dass alle Maßnahmen, mit denen Veränderungen erreicht werden sollen, System und Kontinuität benötigen. Daher lauten die Ratschläge an den Product Manager für seine Kooperation mit der Produktion:

1. Stellen Sie sicher, dass permanent ein umfassender Informationsaustausch zwischen Vertrieb und Produktion (und umgekehrt) erfolgt.
2. Organisieren Sie regelmäßige Arbeitstreffen zwischen beiden Gruppen.
3. Stimmen Sie sich laufend gegenseitig über Arbeitsergebnisse und neue Projekte ab.

20. Arbeiten mit dem Fact Book

a) Product Manager benötigen vielfältige Informationen

Ein wesentlicher Teil der täglichen Arbeit des Product Managers besteht in der Überprüfung in Gang gesetzter Aktionen, in der Entwicklung neuer Maßnahmen und der Arbeit an der Profilierung der aktuellen Produkt- und Marktstrategie. Um bei diesen Tätigkeiten planmäßig vorgehen zu können, um neue Anregungen zu erhalten und mögliche Ergebnisse besser abschätzen zu können, benötigt der Product Manager ein recht umfangreiches Zahlenmaterial: Dies betrifft Marktgrößen, Verkaufsvolumina, Trends des Verbraucherverhaltens und vieles andere mehr. Diese Informationen muss er ohne große Vorarbeiten verfügbar haben, er braucht sie gewissermaßen ständig an seinem Arbeitsplatz – sei es in seinem Büro, im Gespräch mit dem Vorgesetzten, mit Kollegen oder in Konferenzen.

Umfassende, sorgfältig gesammelte und überprüfte Daten über den Vertrieb und das Geschehen im Markt benötigt der Product Manager aber nicht nur zur Steuerung seiner eigene Arbeit, sondern auch für die Kommunikation innerhalb seines Unternehmens und mit außenstehenden Personen, wie z.B. Kunden, Händlern, Absatzmittlern und Werbeagenturen. Denn wo immer er Fachgespräche führt, kommt es schnell zu Fragen über Marktgrößen, Umsatzentwicklungen bestimmter Produkte, Verbraucherwünsche und Nachfragetrends. In diesen Situationen muss der Product Manager in der Lage sein, schnell aktuelle Zahlen vorweisen zu können, nicht nur um seine eigene Qualifikation unter Beweis zu stellen, sondern auch, um den Erörterungen eine verlässliche Basis zu verschaffen.

Der Product Manager muss, um exzellente Arbeit zu leisten, seine Überlegungen, Diskussionen und Planungen in einem jederzeit sicheren Umfeld vollziehen – und dazu verhilft ihm in erster Linie eine umfassende Materialsammlung über die wesentlichen Marktdaten. Egal, ob es um Maßnahmen gegen den Wettbewerb in speziellen Märkten geht oder um Überlegungen zur Steigerung der durchschnittlichen Bestellmengen bestimmter Kundengruppen – der Product Manager muss auf der Stelle mit konkreten Angaben die Situation umreißen können, um die Diskussion in fruchtbringender Weise zu beeinflussen.

Auch bei guter Gedächtnisleistung wird es nicht jedem Product Manager gegeben sein, alle für das Absatzgeschäft wesentlichen Fakten im Kopf zu speichern. Er soll sich darum auch gar nicht mit allen Mitteln bemühen, weil selbst bei entsprechender Begabung immer wieder Gesprächsteilnehmer die Kor-rektheit seiner durch nichts belegten Daten in Zweifel ziehen dürften. Viel sinnvoller ist es, dieses recht umfangreiche Material schriftlich festzuhalten und in einem geeigneten Träger zu speichern. Also eine Art Faktenbuch, oder Fact Book, anzulegen.

b) Was ist ein Fact Book?

In der anglo-amerikanischen Wirtschaftswelt hat es sich eingebürgert, die für den Product Manager notwendigen Informationen und Daten in einem Ordner bzw. Handbuch zu sammeln, für den sich der Ausdruck Fact Book durchgesetzt hat. Heutzutage wird mancher sicher eher dazu neigen, die Daten nicht in Papierform zu führen und zu nutzen, sondern dafür ein elektronisches Datengerät einzusetzen. Es bleibt jedem überlassen, die Vor- und Nachteile der jeweiligen Systeme abzuschätzen und sich dann für ein bestimmtes zu entscheiden. Da es aber modern ist und sehr fortschrittlich wirkt, in Planungs- und Kontrollgesprächen mit dem Notebook oder ähnlichen Geräten zu erscheinen, werden diese Medien in Zukunft sicher die alte Papierform ablösen.

c) Die notwendigen Basisdaten

Das Fact Book soll alle Informationen enthalten, die für die Arbeit des Product Managers wesentlich sind. Dazu zählen vor allem Angaben über den Verkauf, das Distributionssystem, Wettbewerber und Kunden. Dazu aber auch Fakten über

Marktentwicklungen und Verbrauchertrends. Die folgende Aufstellung gibt eine Anregung für Inhalt und Strukturierung eines Fact Books.

Inhalt des Fact Books – Teil I – Verkauf

Entwicklung des Verkaufs (in Menge und Euro)

1. Gesamt, in den letzten 3, 5 und 10 Jahren.
2. Wesentliche Produktgruppen in den letzten 3, 5 und 10 Jahren.
3. Zehn größte Kunden, gesamt und nach Produktgruppen.

Kundenstruktur

1. Gesamtzahl der Kunden in den letzten 3, 5 und 10 Jahren.
2. Regionale Verteilung der Kunden.
3. Aufteilung der Kunden nach Industriezweigen, Größe, Struktur.

Product Mix

1. Entwicklung in den letzten 3, 5 und 10 Jahren.
2. Maßnahmen zur Optimierung in den letzten Jahren.
3. Ergebnisse und Folgerungen.

Profitabilität

1. Einzelne Produkte/Produktgruppen.
2. Wesentliche Kunden.
3. Bevorzugte Kunden und Massenkunden.

Rabattsystem

1. Art der Mengenrabatte, Jahresvergütungen, Sconti.
2. Naturallieferungen, Werbezuschüsse, Prämien.

Preisveränderungen

1. Preiserhöhungen und -senkungen in den letzten 3, 5 und 10 Jahren.
2. Raster für zukünftige Preispolitik.

Inhalt des Fact Books – Teil II – Distribution

Vertrieb über Handel/Verarbeiter

1. Aufteilung des Verkaufsvolumens in den letzten 3, 5 und 10 Jahren.
2. Anzahl und regionale Verteilung der Händler/Verarbeiter (3, 5, 10 Jahre).
3. Umsatzentwicklung der wesentlichen Händler/Verarbeiter.
4. Durchschnittliche Bestellgröße.
5. Preispolitik.
6. Unterstützungsmaßnahmen für Händler/Verarbeiter (3, 5 und 10 Jahre) und Planung nächste Jahre.

Vertrieb direkt

1. Aufteilung des Verkaufsvolumens in den letzten 3, 5 und 10 Jahren.
2. Umsatzentwicklung der großen Direktabnehmer (3, 5, und 10 Jahre).
3. Durchschnittliche Bestellgröße.
4. Preispolitik.
5. Unterstützungsmaßnahmen für Direktbezieher (3, 5 und 10 Jahre) und Planung nächste Jahre.

Inhalt des Fact Books – Teil III – Wettbewerb

Merkmale der Wettbewerber

1. Wesentliche Mitanbieter; mit Firmensitz, Konzernzugehörigkcit, grundsätzlicher Geschäftsausrichtung.
2. Stärken und Schwächen der bedeutenden Mitanbieter.
3. Personelle Ausrüstung, strategisches Marktvorgehen, Marktakzeptanz.
4. Professionalität des Verkaufs und Managements.

Angebotspalette der Wettbewerber

1. Art der Produkte und Leistungen.
2. Service für Abnehmer, Verkaufsunterstützung, Training der Kunden.

3. Art und Ergebnisse von Tests der Wettbewerbsprodukte.
4. Preispolitik.

Marktaktivitäten der Wettbewerber

1. Marketingstrategien der wesentlichen Mitanbieter.
2. Werbung, Verkaufsförderung, PR.
3. Bestehendes Image und Profilierungsmaßnahmen.
4. Starke Kundenbindungen (Art und Gründe).
5. Langzeitstrategien.

Inhalt des Fact Books – Teil IV – Verbraucherprofil

Merkmale der Abnehmer

1. Wirtschaftliche, organisatorische, firmentypische Merkmale.
2. Größe, Struktur, Entwicklungtrends.
3. Geschäftstätigkeit der typischen Abnehmer.
4. Motivation der Abnehmer bei Erwerb unserer Waren/Dienstleistungen.

Wirtschaftliche Interessen der Abnehmer

Chancen der Abnehmer unter zukünftigen Marktbedingungen

Inhalt des Fact Books – Teil V – Marktpotenzial

Bestehende Produkte

1. Bestehende Märkte.
2. Neue Märkte.

Neue Produkte

1. Bestehende Märkte.
2. Neue Märkte.

Inhalt des Fact Books – Teil VI – Studien/Tests/ Untersuchungen

Ergebnisse durchgeführter Tests

1. Eigene Produkte.
2. Wettbewerbsprodukte.

Studien zu den neuesten Trends

1. Märkte, Produkte, Verfahren.
2. Kundenbedürfnisse und -forderungen.
3. Ausgeschiedene und neue Wettbewerber.

Studien über Produkte des Wettbewerbs

Untersuchungen zur Akzeptanz und zum Potenzial neuer Produkte

Inhalt des Fact Books – Teil VII – Prognosen

Langfristige Prognosen (3 bis 5 Jahre)

1. Eigene Produkte.
2. Technische/wissenschaftliche Entwicklung.
3. Abnehmerbedürfnisse.

Kurzfristige Prognosen (12 Monate)

1. Eigene Produkte.
2. Konjunkturentwicklung.
3. Wirtschaftliche Chancen und Problem der Kunden.

Inhalt des Fact Books – Teil VIII – Marketingeffizienz

Durchgeführte Maßnahmen in den letzten Jahren

Ergebnisse und Kosten

Das Fact Book muss alle Angaben enthalten, die der Product Manager für die effektive Arbeit in seinem Verantwortungsbereich benötigt. Diese divergieren in gewissem Maße selbstverständlich von Unternehmen zu Unternehmen und von Branche zu Branche. Insofern ist die hier aufgestellte Liste von Aufgaben mehr als Anregung aufzufassen, die den Produktverantwortlichen veranlassen soll, über seinen spezifischen Bedarf nachzudenken und das für ihn individuell Notwendige zu realisieren.

d) Der Nutzen des Fact Books

Der Product Manager soll sein Fact Book nutzen, um sich regelmäßig und in kürzesten Abständen (alle zwei bis drei Tage) mit den wesentlichen Kriterien seines Arbeitsgebiets auseinanderzusetzen. Er soll sich immer wieder mit den Kernthemen seines Jobs, das sind Kunden, Wettbcwerb, Preise und Marktentwicklung beschäftigen und darüber nachdenken, wie die in Gang gesetzten Maßnahmen ablaufen und welche weiteren Handlungen notwendig sind, um das Absatzgeschäft zu fördern. Das Fact Book soll nicht den Marketingplan ersetzen, in dem die einzelnen Absatzförderungsmaßnahmen für einen bestimmten Zeitraum festgehalten sind. Das Fact Book soll dem Product Manager darüber hinaus Anregungen vermitteln und ihn immerzu nachdenklich machen, wie und wo etwas getan werden muss, um die Ergebnisse weiter zu verbessern.

Das Fact Book dient dem Product Manager auch als Gedankenstütze und Nachschlagewerk bei Konferenzen und Abstimmungsgesprächen, die mit Vorgesetzten oder Kollegen stattfinden. Es ermöglicht ihm die sofortige Präsentation aller relevanten Daten, was in zweierlei Hinsicht vorteilhaft ist. Zum einen steigert er dadurch seine eigene Professio-nalität und zum anderen vermittelt das Buch verlässliche Fakten, die eine ausufernde Diskussion wieder in rationale Bahnen lenken kann.

e) Praktische Tips für den Aufbau des Fact Books

Wie gezeigt wurde, soll das Fact Book eine Vielzahl unterschiedlicher Daten und Informationen umfassen, was leicht zu Unübersichtlichkeit und umständlicher Nutzbarkeit führen kann. Wesentlich für die praktische Arbeit mit dem Fact Book sind die folgenden Punkte:

1. *Handhabbarkeit:* Das gesamte Zahlenmaterial muss überschaubar und logisch aufgebaut sein.
2. *Verständlichkeit:* Verwendung von Bezeichnungen, deren Sinn jedermann zu jeder Zeit klar ist.

3. *Aktualität:* Die Angaben müssen regelmäßig und äußerst sorgfältig aktualisiert werden.
4. *Übersichtlichkeit:* Vermeidung von verwirrenden Zahlenfriedhöfen mit unbenötigten Nebenwerten.
5. *Griffige Größen:* Knappe Darstellung sofort verständlicher Daten.

21. Der Zwang zur Produktdifferenzierung

Eines der wesentlichsten Kriterien für Erfolg im Markt besteht in der Differenzierung des Angebots von dem der Mitanbieter. Diese Tatsache ist eine Binsenweisheit und sicher schon auf den alten Marktplätzen gültig gewesen: Der Kunde geht von Stand zu Stand und stellt fest, dass sich die angebotenen Waren nicht stark voneinander unterscheiden. Er ist daher unsicher, wo er kaufen soll. Um zu einer befriedigenden Entscheidung zu gelangen, überlegt er nun, welche Kriterien der verschiedenen Angebote für ihn besonders wichtig sind, und erwirbt seine Ware schließlich dort, wo er meint, die meisten positiven Merkmale zu erhalten. In ganz ähnlicher Weise werden heute auch in der Wirtschaft Einkaufsentscheidungen gefällt: In einem Überangebot immer gleichartigerer Produkte erhält *der* Anbieter den Zuschlag, der dem individuellen Erwerber den größten Nutzen bringt.

In diesem Zusammenhang wird oft davon gesprochen, dass heute nur derjenige Anbieter erfolgreich ist, der die Bedürfnisse seiner Abnehmer am besten erfüllt. Diese Überlegung unterstellt, dass diese Wünsche klar ausgeprägte Formen haben, die ein Lieferant durch entsprechende Nachforschungen herausfinden und entsprechend bedienen kann. Das tun die meisten Anbieter und stellen dabei fest, dass die Abnehmer gute Qualität, niedrige Preise und schnelle Belieferung wünschen – und können sich durch die Befriedigung dieser Wünsche wiederum nicht aus der Menge der anderen herausheben, weil alle Anbieter auf diesen Gebieten wetteifern und sich zu übertreffen versuchen. Die Kunst der Angebotsdifferenzierung liegt darin, über die allgemein bekannten Kundenwünsche hinaus Leistungen anzubieten, die die eigenen Waren von denen anderer eindeutig unterscheiden und diese Merkmale so erkennbar und attraktiv herauszustellen, dass sie im Markt wahrgenommen werden und zum Erwerb anregen. Man kann diesen Prozess wiederum am Beispiel des Geschehens auf dem Wochenmarkt illustrieren.

Der Käufer sucht dort eine bestimmte Sorte Obst, findet mehrere Stände mit äußerlich nicht unterscheidbarem Angebot, und auch die Preise der verschiedenen Anbieter differieren nicht stark. Beim erneuten Rundgang und intensiverer Prüfung der Warenangebote entdeckt er, dass die einzelnen Händler zusätzliche Leistungen anbieten: Einer offeriert den kostenlosen Transport der Ware zur Wohnung des Kunden, ein anderer versichert, dass die Früchte nicht gespritzt wurden und ein dritter weist auf gute Haltbarkeit aufgrund spezieller Anbauverfahren hin. Keines dieser Merkmale war bisher Bestandteil der Bedürfnisse des Kunden, sie finden aber teilweise sein Interesse und veranlassen ihn, seinen Kauf an einem bestimmten Stand zu tätigen. Bei späteren Obstkäufen wird er Zusatzleistungen besondere Aufmerksamkeit schenken und sich im Laufe der Zeit so an sie gewöhnen, dass sie zu seinen „Bedürfnissen“ werden.

An diesem Beispiel vom Wochenmarkt wird deutlich, dass es heute nicht mehr ausreicht, die allgemein bekannten Bedürfnisse der Kunden zu befriedigen, sondern dass mit dem Angebot zusätzliche Leistungen verbunden werden müssen, die dem individuellen Abnehmer so viel Nutzen bringen, dass er sich zum Erwerb entschließt. Mit anderen Worten: Der Anbieter muss seine Kenntnisse und Möglichkeiten untersuchen und in eine Form bringen, dass sie die voraussichtlichen Interessen des Abnehmers treffen und schließlich zu einem wesentlichen Kaufgrund werden.

a) Käufer erwarten mehr als ein Produkt

Wie der bekannte Marketingwissenschaftler Levitt ausführt, muss sich das eigene Angebot deutlich von der Masse der anderen Anbieter abheben und ein eigenes Profil gewinnen, damit es dem Abnehmer trotz Produktgleichheit mehr „zusagt“ als das des Wettbewerbers. Levitt vertritt die Ansicht, dass in keinem Fall lediglich ein reines Produkt von Hand zu Hand geht, sondern daneben eine Vielzahl nicht gegenständlicher Zutaten vom Abnehmer erworben wird. Ein Produkt ist für ihn eine Kombination aus Materiellem und Immateriellem. Für Levitt ist ein Produkt ein höchst vielschichtiges Gebilde, das aus viel mehr als seinem reinen Gegenstand lebt. Ein besonders anschauliches Beispiel, wie sich durch immaterielle Werte ein Produkt differenzieren lässt, stellt das Auto dar.

Ein Automobil hat viele sichtbare Merkmale, die es von anderen Modellen unterscheidet. Dazu zählen an erster Stelle die Größe, die Farbe, das Design sowie das Zubehör. Schon nicht mehr unmittelbar wahrnehmbar, aber konkret belegbar sind weitere Merkmale wie die Motorleistung und der Benzinverbrauch. Alle diese Kriterien sind für einen Käufer höchst bedeutsame Faktoren, die beim Erwerb eines Fahrzeugs eine große Rolle spielen. Daher arbeiten die Automobilhersteller mit erheblichem Aufwand daran, diese Merkmale möglichst günstig darzustellen.

Es ist den Marketingstrategen der Automobilindustrie aber bewusst, dass diese Merkmale lediglich „äußere Größen“ darstellen, die nie allein zu einem Kaufentschluss führen. Denn bei der überwiegenden Zahl der (vor allem männlichen) Käufer zählen die immateriellen Werte mindestens ebenso stark: Der Status, der Geschmack und Symbolwert und schließlich das Prestige, welches das Auto dem Besitzer verleiht. Aber auch der Service und schließlich die Lieferzeiten bilden einen nicht zu unterschätzenden immateriellen Wert. Levitt spricht davon, dass ein Produkt viel mehr ist als ein „Ding an sich“. Denn der Erwerber erwartet eine ganze Palette zusätzlicher Vorteile, und er hofft, dass ihm diese mit geliefert werden. In den Worten des amerikanischen Marketingspezialisten: „Das Produkt ist ein Versprechen.“

Es ist unbestritten, dass das Auto stärker mit dem Gefühl als dem klaren Verstand beurteilt und gekauft wird, und für die Produktdifferenzierung sind hier daher erhebliche Betätigungsfelder gegeben. Es fragt sich, ob Differenzierung auch bei weniger emotionsbeladenen Erzeugnissen möglich ist und wie dabei vorgegangen werden kann.

b) Es gibt keine homogenen Massengüter

Bei ausgesprochenen Massengütern liegen die differenzierenden Merkmale im Service. Hierunter fallen Gesichtspunkte wie die Genauigkeit von Preisangaben, die Klarheit bei der Auftragsbestätigung und z.B. die Wirksamkeit interner Maßnahmen, die Auswirkung auf die Kundenbeziehungen haben. Aber auch die Flexibilität, mit der auf Kundenanfragen reagiert wird, zählt zu den Kriterien, die ein Unternehmen vom anderen differenziert.

Auch die Anbieter von Massenartikeln müssen wissen, dass sich ihr Angebot von dem der Wettbewerber unterscheidet, und sie müssen immerzu daran arbeiten, die unterscheidenden Merkmale weiter zu verstärken. Neben den oben genannten können das sein:

- Art der Lieferkonditionen.
- Preis und Zahlungsbedingungen.
- Reaktionsfähigkeit auf Nachbestellungen.
- Art und Qualität neuer Materialideen.
- Designvorschläge für Einzelteile.
- Anregungen zum Einkaufs- und Beschaffungswesen.

Wie stark diese Argumente im tatsächlichen Wirtschaftsgeschehen zutreffen, wird deutlich, wenn man die Märkte ausgesprochener Massengüter näher betrachtet. In der Stahlindustrie gibt es zum Beispiel verschiedene Firmen, die die Automobilindustrie mit Blechen für die Fahrzeugherstellung beliefern. Diese Materialien werden nach detaillierten Vorschriften der Abnehmer hergestellt, sie unterscheiden sich von Lieferant zu Lieferant daher nicht in der kleinsten Einzelheit. Und dennoch existieren nach wie vor verschiedene Lieferanten nebeneinander, offensichtlich weil es ihnen gelingt, spezielle Merkmale anzubieten, die dem jeweiligen Automobilhersteller besonders gut zusagen. Ganz ähnlich verhält es sich in der

Mineralölindustrie. Auch hier bestehen, trotz vieler Zusammenschlüsse in den vergangenen Jahrzehnten, noch heute diverse Firmen, die vollständig identische Produkte liefern und die, auch wenn sie nicht zu den preiswertesten gehören, überleben. Und das nur aus dem Grund, weil jeder von ihnen seinen Abnehmern Spezifika bieten kann, über die die anderen nicht verfügen. Dies ist ein weiteres, sehr überzeugendes Beispiel für gekonnte Produktdifferenzierung.

c) Kriterien für Produktunterscheidungen

Nach Kotler gibt es grundsätzlich vier Gebiete, auf denen sich Produkte unterschiedlich gestalten lassen: Physische Eigenschaften, Distribution, Service und Image. Allerdings zählt er zu den physischen Merkmalen auch Eigenschaften, die eher immateriell und nicht gegenständlich sind, wie Leistung und Haltbarkeit. Daher werden diese Merkmale hier gesondert aufgeführt.

Gegenständliche Faktoren: Ausstattungsmerkmale, Ausführung, Konstruktion (Design), Machart (Styling), Verpackung.

Immaterielle Produktfaktoren: Leistung, Konformität, Haltbarkeit, Zuverlässigkeit.

Vertriebsfaktoren: Großhandel, Einzelhandel, Bestellsystem (Post, Telefon, Fax, Internet).

Servicefaktoren: Lieferung, Installation, Beratung, Schulung, Instandhaltung, Instandsetzung.

Imagefaktoren: Symbole, Atmosphäre, Prestige, Ansehen, gesellschaftlicher Status.

Je besser es dem Product Manager gelingt, sein Produkt durch eindeutige Merkmale von den übrigen im Markt angebotenen Waren zu differenzieren, umso stärker wird seine Stellung in der Einschätzung der Kunden und im Vergleich zum Wettbewerb sein. Dabei muss er aber berücksichtigen, dass die besonders erfolgreichen Differenzierungen meistens auch umgehend Imitatoren auf den Plan rufen. Die Gefahr, die daraus entsteht, beeinträchtigt nicht nur die erreichte Herausstellung, sondern hat oft auch Einfluss auf die Preisgestaltung. Denn Nachmacher attackieren den Marktpionier häufig mit Preisunterbietungen. Grundsätzlich bestehen in dieser Situation drei Wahlmöglichkeiten:

1. Preis senken, um den aktuellen Marktanteil zu halten. (Negative Konsequenz: Gewinnrückgang.)
2. Preis unverändert beibehalten. (Negative Konsequenzen: Rückgang des Marktanteils und des Gewinns.)
3. Preis beibehalten und zusätzliche Merkmale schaffen. (Keine negativen Konsequenzen.)

Die aktive Arbeit an der Differenzierung des Produktangebots sollte zur kontinuierlichen Tätigkeit des verantwortungsbewussten Product Managers gehören. Denn in den hart umkämpften Märkten müssen heute alle Anbieter ständig neue Aktivitäten in Gang setzen, um das Erreichte zu sichern und Neues zu realisieren. Daher ist es so wichtig, dem Produkt ein bestimmtes „Profil“ zu verleihen und ständig an dessen Attraktivität und weiterer Verstärkung zu arbeiten.

22. Wettbewerbsvorteil durch Kostensenkung

Im Kapitel über Produktdifferenzierung wurde dargestellt, dass professionelle Product Manager nicht allein ein Produkt verkaufen, sondern dem Kunden einen Zusatznutzen der verschiedensten Art mitliefern. Dieser kann im Image liegen, in der speziell entwickelten Verpackung oder einem Distributionsweg, der für den Abnehmer besonders günstig ist. Darüber hinaus gibt es unzählige andere Mittel, dem eigenen Produkt „eine besondere Note“ zu geben und es damit von den anderen zu differenzieren, d.h. interessanter zu machen.

In hart umkämpften Märkten reicht diese Methode aber oft nicht aus, gegen Wettbewerbsangebote zu bestehen, vor allem wenn die Mitanbieter deutlich günstigere Preise bieten. In diesen Fällen die Forderung zu erheben, dann ebenfalls die

Preise zu senken, ist vielfach aufgrund nicht zu verändernder Kostenstrukturen eine reine Illusion. Außerdem führen derartige Maßnahmen, wenn sie deutlich genug durchgeführt werden und Erfolg zeigen, in der Regel zum Nachziehen der Wettbewerber, wodurch häufig ein für alle Parteien höchst ungünstiger Preiskampf entsteht.

Für den Product Manager gibt es mehrere Möglichkeiten, im Preiswettbewerb die Mitanbieter hinter sich zu lassen. Es geht dabei um Maßnahmen, mit denen den Kunden geholfen wird, ihre Kosten zu senken.

a) Den Kunden niedrigere Gesamtkosten nachweisen

Diese Methode ist angebracht und wirksam, wenn hochwertige Produkte angeboten werden, die Wettbewerber in ähnlicher Qualität offerieren, aber im Preis deutlich unterbieten. Hier sollte der Product Manager versuchen, die folgende Rechnung aufzumachen:

„Herr Kunde, ich möchte Sie auf einige Kalkulationen aufmerksam machen, die wir in den letzten Jahren angestellt haben, und die belegen, dass Sie mit unserer Anlage schließlich besser fahren als mit den Produkten anderer Anbieter. Hier die einzelnen Fakten:

1. In den ersten fünf Betriebsjahren treten bei unserer Maschine deutlich *weniger Ausfälle* auf. Im Vergleich zu gängigen Wettbewerbsprodukten sparen Sie dadurch bis zu 2.000 Euro.
2. Notwendige Reparaturfälle werden bei uns erheblich *schneller ausgeführt*. Ersparnis für Sie rund 1.000 Euro.
3. Die *Einsatzfähigkeit* unserer Maschine liegt um zwei Jahre über der vergleichbarer Wettbewerber. Das bedeutet einen finanziellen Vorteil von 3.000 Euro.
4. Der *Wiederverkaufswert* unserer Anlage übersteigt die Durchschnittswerte der Branche. Nach unseren Erfahrungen bedeutet das für Sie ein Plus von rund 1.000 Euro.

Die Addition dieser Beträge ergibt eine Summe von 7.000 Euro. Unser Verkaufspreis übersteigt den des günstigsten Wettbewerbers um 4.500 Euro. Wie Sie sehen, Herr Kunde, erreichen Sie mit unserer Maschine die finanziell günstigere Lösung.“

b) Die Verarbeitungskosten im Kundenbetrieb reduzieren

Liegt das Angebot deutlich über dem Wert des Wettbewerbs, besteht in manchen Fällen auch die Möglichkeit, durch technische Beratung des Kunden Einsparungen zu realisieren, die den Unterschied in den Anschaffungskosten zum Teil mehr als wettmachen können. Die Gebiete, auf denen der Lieferant tätig werden kann, betreffen das Bestellwesen, die Lagerhaltung, den Einsatz der Produkte, die Vermeidung von Ausschuss, die Optimierung der Arbeitsprozesse sowie den kostengünstigsten Umgang mit nur sporadisch benötigten Hilfsmitteln und nur zum Teil verbrauchten Materialien. Oft sind die Einsparungen auf dem einzelnen Gebiet nicht besonders beeindruckend, in der Summe ergeben sich aber häufig Größen, die durchaus zu Buche schlagen.

c) Verringerung der Bestellkosten

Manche Wirtschaftszweige sind davon geprägt, dass die Abnehmer täglich Bestellungen aufgeben, die zum Teil kleinste Einheiten umfassen und in ihrer Spezifikation äußerst akkurat ausgeführt sein müssen. Dieser Fall trifft auf die Pharmaindustrie zu und bedeutet für viele Kunden der Arzneihersteller bei den Bestellvorgängen zum Teil hohen Such- und Schreibaufwand. Hier bietet sich für den Lieferanten die Möglichkeit, seinen Kunden Bestellsoftware zur Verfügung zu stellen, mit der das Ordersystem erheblich vereinfacht und sicherer gemacht werden kann. Für die Abnehmer stellt dies einen Vorteil dar, der manchen Preisunterschied wettmachen dürfte.

d) Die Lagerkosten des Kunden senken

Die Zeiten, in denen die Lieferanten bestrebt waren, ihre Kunden mit möglichst hohen Beständen einzudecken, um sie so vor Engpässen zu schützen und zum möglichst raschen Weiterverkauf zu drängen, sind endgültig vorbei. Heute ist jedes Unternehmen allein aus Kostengründen an minimalen Beständen interessiert, und diese Interessenlage ist eine Herausforderung für die Zulieferer und gleichzeitig eine Chance, sich gegenüber dem Wettbewerbs zu profilieren.

Wirksame Kostenreduzierungen erreichen viele Lieferanten bei ihren Abnehmern durch Warenversorgung „just-in-time". Damit ist gemeint, dass die Erzeugnisse genau zu dem Zeitpunkt beim Abnehmer eintreffen, zu dem sie dort benötigt werden. Die ersten deutschen Unternehmen, die dieses System aus Japan übernahmen, waren die Autohersteller, die sich die Teile direkt ans Band liefern lassen, wo sie auf die Minute genau eintreffen und vom Werker unmittelbar aus der Verpackung herausgenommen und am Auto verarbeitet werden. So ist hier eine Lagerzeit von praktisch Null Sekunden erreicht worden.

Heute wird das just-in-time-System in vielen Lieferanten-Abnehmer-Beziehungen eingesetzt, auch in Branchen, wo der Tagesbedarf nicht so exakt planbar ist wie in der Automobilherstellung. Von japanischen Einzelhandelsketten ist bekannt, dass dort die zentrale Lieferstelle ständig über Art und Menge der verkauften Artikel informiert wird und diese bis zu dreimal am Tag nachgeliefert werden. So wird nur kleinster Lagerraum benötigt und gleichzeitig ist jederzeit der notwendige Warenbestand gewährleistet.

Ein weiteres Verfahren, die Lagerkosten des Kunden zu minimieren, besteht in dem seit langer Zeit praktizierten Kommissionsverkauf. Hier hat der Abnehmer den finanziellen Vorteil, dass er die Ware erst bezahlen muss, nachdem er sie verkauft hat.

Schließlich kann ein Lieferant seinem Kunden anbieten, für ihn die Lagerverwaltung zu übernehmen. Kotler berichtet dazu, dass die amerikanische Firma Baxter Healthcare für ein großes Krankenhaus das Lagermanagement übernahm und damit die Kosten um 20% reduzieren konnte. Dieses Ergebnis war möglich, weil Baxter den Bestand besser steuern konnte.

e) Herabsetzung der Produktionskosten

Schon weiter oben wurde erwähnt, dass Lieferanten ihren Kunden bei der Verarbeitung helfen können, effizienter zu arbeiten. Über die genannten Gebiete hinaus sind gut organisierte Lieferfirmen in der Lage, auch Vorschläge zur Reduzierung der Lohn- und Energiekosten zu machen. Denn aufgrund ihrer größeren Vertrautheit mit dem gelieferten Produkt haben sie weiter gehende Kenntnisse, die sie zum Nutzen des Abnehmers einsetzten können. Schließlich ist sogar denkbar, dass der Kunde nutzbringende Informationen über den Unfallschutz erhält, die ihm helfen, Kosten einzusparen oder Hinweise, die die Inspektionskosten deutlich herabsetzen.

f) Reduktion der Verwaltungskosten

Auch in den Bereichen Buchhaltung und Auftragsabwicklung liegen für den Lieferanten Möglichkeiten, seinen Kunden mit gezielten Maßnahmen Zeit und Kosten zu ersparen. Man denke an unverständliche Rechnungsbeträge, Unklarheiten wegen Preisnachlässen, Änderungen in Lieferdaten und -mengen – alle diese Vorgänge erfordern auf Seiten des Kunden oft diverse Telefongespräche, Faxmitteilungen und E-Mails, intern und mit dem Lieferanten, und damit letztlich viel unnötigen Aufwand. Lieferfirmen, die ihren Kunden bei der Reduzierung dieser Arbeiten behilflich sein wollen, richten gut besetzte Call Center ein, die rund um die Uhr erreichbar sind und alle Fragen in kürzester Zeit erledigen.

23. Marketingstrategie und Marketingmaßnahmen

Zum Abschluss dieses Buches soll auf zwei Themen eingegangen werden, die für viele Unternehmen zu den wichtigsten Aufgaben des Product Managers zählen: die Marketingkonzeption und der Marketingplan. Zweifellos kommt diesen beiden Punkten höchste Bedeutung zu, und mancher Leser mag sich fragen, warum sie hier an letzter Stelle abgehandelt werden. Aus einem einfachen Grund: Weil sie nach der Lektüre der zuvor behandelten Themen viel besser eingeschätzt und verstanden werden. Denn diese bilden letztlich den Kern und den Sinn aller Marketingtätigkeit.

a) Die Marketingkonzeption

Der Product Manager muss als Grundlage seiner Tätigkeit eine Strategie entwickeln, die grundsätzlich beschreibt, welche Ziele er mit seinen Produkten im Markt hat und auf welche Weise er diese erreichen will. Er geht dabei vom gegenwärtigen Zeitpunkt aus, beschreibt die Stärken und Schwächen seines Produktprogramms, die Konditionen auf seinem Markt und alle anderen Kriterien, die für seinen Erfolg maßgebend sind. Sodann definiert er seine mittelfristigen Ziele, die einen Zeitraum von zwei bis drei Jahren umfassen und dann seine langfristigen Ziele, die sich auf die kommenden vier bis sechs Jahre erstrecken. Schließlich entwickelt er prinzipielle Vorgehensweisen, mit denen er seine Planungen zu realisieren gedenkt.

Die Basisbausteine der Marketingkonzeption

1. Statusbeschreibung der Produkte, Märkte und aller anderen wesentlichen Absatzfaktoren.
2. Definition der mittelfristigen (2 - 3 Jahre) und der langfristigen (4 - 6 Jahre) Zielsetzung.
3. Beschreibung der Strategie zur Realisierung der festgelegten Ziele.

Die Marketingkonzeption wird detailliert ausgearbeitet und in schriftlicher Form niedergelegt. Sie definiert die Teile der Unternehmensabsatzpolitik, für die der Product Manager verantwortlich ist und bildet für ihn den grundsätzlichen Rahmen seiner Tätigkeiten. Die Konzeption wird jährlich auf Aktualität überprüft und graduell angepasst. Sollten sich im Laufe der Zeit gravierende Veränderungen im Unternehmen ergeben, werden diese selbstverständlich entsprechend berücksichtigt. Generell wird die Marketingkonzeption aber ohne große Änderungen bestehen bleiben, da sie fundamentale Tatsachen und Ziele zum Inhalt hat, die sich nicht laufend verändern können und sollen.

Die folgende Checkliste gibt ein Beispiel für den Aufbau und Inhalt einer Marketingkonzeption.

Unternehmen XYZ
Marketingkonzeption für die Produktgruppe P
Erstellt durch: Heinrich Meier, Product Manager
Datum der Erstellung: November 200...

Produkte

Status:	Umfang Lieferprogramm: ....
	Produkt Mix: ....
	Wesentliche Abnehmer: ....
	Stärken und Schwächen der Produktpalette: ....
Mittelfristige Ziele:	Einschränkungen des Angebots: ....
	Ausweitungen des Angebots: ....
	Sonstige Änderungen: ....
Langfristige Ziele:	Programmumstrukturierung: ....
	Imageverbesserung: ....
	Akzeptanz als Marktführer: ....
	Sonstige Änderungen: ....

Mittelfristige		Zeitpunkt M/J
Aktionen:	Produkttests:	.... / ....
	Kooperationsgespräche:	.... / ....
	Änderung Verpackung:	.... / ....
	Qualitätssicherung:	.... / ....
	Erwerb der Q-Umweltauszeichnung:	.... / ....
Langfristige		Zeitpunkt M/J
Aktionen:	Freigabe durch X-Institut:	.... / ....

Gewinn der Y-Exklusivität: .... / ....
Mitgliedschaft im Z-Verband: .... / ....
Anerkennung als SP-Lieferant: .... / ....
Tätigkeit als Sponsor: .... / ....

Markt

Status: Marktanteile der Produkte: ....
Marktanteile in Marktsegmenten: ....
Marktabdeckung: ....
Stellung zum Wettbewerb: ....
Regionale Definition: ....

Mittelfristige
Ziele: Erhöhung des Marktanteils der Produkte: ....
Vergrößerung Marktanteil im Marktsegment: ....
Halten des Marktanteils des Produkts:..................

Langfristige
Ziele: Abdeckung der Region Sachsen und - - - ....
Ausdehnung des Marktes in die
Länder AU, CH und - - - ....
Zurückdrängen des Wettbewerbers K: ....
Akzeptanz als Marktführer: ....
Sonstige Änderungen: ....

Mittelfristige Zeitpunkt M/J
Aktionen: Verstärkte Werbung für
Produkte P+Q: .... / ....
Änderung des Preissystems: .... / ....
Kundenmaßnahmen (Schulungen): .... / ....
Laufende Produktpräsentationen: .... / ....

Langfristige Zeitpunkt M/J
Aktionen: Einsatz von Meinungsbildnern: .... / ....
Beeinflussung/
Beschaffungskriterien: .... / ....
PR mit Spezialagentur: .... / ....
Erwerb von 2-3 Kundenfirmen: .... / ....

Preis

Status:	Listenpreise mit Mengenrabatt:	
	Mindermengenaufschlag:	
	Treuebonus:	
	Jahresendvergütung:	
	Händler-Rabattsystem:	
Mittelfristige Ziele:	Abbau Treuebonus:	
	Verringerung/Veränderung Jahresendvergütung:	
	Zuschläge für Sonderlieferungen:	
Langfristige Ziele:	Zuschläge für Spezialanfertigungen:	
	Anreize für Musterbestellungen:	
	Neue Rabattstruktur für Händler und Endabnehmer:	
	Kombipreise für Basisprodukt/ Zusatzprodukte:	
Mittelfristige Aktionen:		Zeitpunkt M/J
	Konzeption eines neuen Preissystems:	.... / ....
	Entwurf des neuen Rabattsystems:	.... / ....
	Verabschiedung Preis-/ Rabattsystem:	.... / ....
	Festlegung des Einführungstermins:	.... / ....
Langfristige Aktionen:		Zeitpunkt M/J
	Interne Bekanntgabe des neuen Systems:	.... / ....
	Unterrichtung des Außendienstes:	.... / ....
	Gespräche GL und VL mit Kunden:	.... / ....
	Kontrolle der Wirksamkeit des Systems:	.... / ....

Distribution

Status: Gesamtabsatz letztes
Geschäftsjahr Wert (Euro): ....
Menge: ....
Absatzvolumen Direktabnehmer: ....
Davon Absatz fünf größte
Direktabnehmer: ....
Absatzvolumen Händler: ....
Davon Absatz fünf größte Händler: ....

Mittelfristige
Ziele: Erhöhung Anzahl der deutschen Händler
um .... auf total ....
Umsatzerhöhung große Händler
um .... % auf .... Euro
mittlere Händler um .... % auf .... Euro
kleine Händler um .... % auf .... Euro

Langfristige
Ziele: Einrichtung Händlernetz in
Ländern AU, CH und - - - ....
Verbesserung des Versandsystems: ....

Mittelfristige		Zeitpunkt M/J
Aktionen:	Definition der Mängel des Händlernetzes:	.... / ....
	Festlegung Regionen/Orte für neue Händler:	.... / ....
	Markt-/Wettbewerbsanalyse:	.... / ....
	Information der Händler über Ausbau:	.... / ....
	Ausarbeitung Händler-Entwicklungsplan:	.... / ....

Langfristige		Zeitpunkt M/J
Aktionen:	Kontaktgespräche IHK und Verbände für Aufbau Auslandshändlernetz:	.... / ....

	Strategie Auslandshändler:	.... / ....
	Konzept für verbessertes Versandsystem:	.... / ....
	Kontrolle der Wirksamkeit des Systems:	.... / ....
	Gespräche mit Logistikfirmen:	.... / ....

Promotion / Verkaufsförderung

Status:
Aufrechterhaltung und Förderung des Absatzes durch AD-Tätigkeit: ....
Kundentrainings: ....
Werbung in Fachzeitschriften: ....
Neukunden durch Mailing-Aktionen: ....
PR-Maßnahmen (unregelmäßig): ....

Mittelfristige Ziele:
Workshops und Seminare durchführen: ....
An regionalen Messen und Ausstellungen teilnehmen: ....
Maßnahmen als Sponsor: ....

Langfristige Ziele:
Stärkere Präsenz in der Fachpresse: ....
Permanente Bearbeitung der Kundenmitarbeiter: ....
Regelmäßige PR-Maßnahmen: ....

		Zeitpunkt M/J
Mittelfristige Aktionen:	Entwicklung einer Präsentation:	.... / ....
	Baukastensystem für Messen:	.... / ....
	Klärung Sponsormöglichkeit:	.... / ....
	Ausarbeitung Sponsorkonzept:	.... / ....

		Zeitpunkt M/J
Langfristige Aktionen:	Vertrag mit PR-Agentur:	.... / ....
	Kooperationsvereinbarung Fachpresse:	.... / ....
	Regelmäßige Kunden-Seminare und Präsentationen:	.... / ....

Die hier skizzierte Struktur einer Marketingkonzeption soll dem Product Manager Anregungen vermitteln, wie er diese sehr wesentliche Tätigkeit in der Praxis bewältigen kann. Verschiedene der aufgeführten Begriffe werden für das Arbeitsgebiet manches Product Managers irrelevant sein, während andere, vielleicht sehr wesentliche Punkte fehlen. Eine grundsätzliche, für das Product Management *aller Kategorien* zutreffende Konzeption lässt sich nicht darstellen. Das liegt an dem schon mehrfach erwähnten Tatbestand, dass die Aufgaben der Product Manager stark voneinander abweichen und die spezifischen Aufgaben daher auch höchst unterschiedlich ausfallen.

Wesentlich bei der Abfassung der fundamentalen Strategie sind klare Aussagen zu eindeutigen Punkten. Nicht schwungvolle Umschreibungen von Wunschzielen und nebulösen Vorstellungen sind in diesem Dokument gefragt, sondern nüchterne, verständliche, konkrete und kontrollierbare Angaben zu *den Punkten*, die letztlich allein den Erfolg im Markt ausmachen: Die Produkte, den Markt, den Preis und die Promotion bzw. Verkaufsförderung. Die Güte einer Marketingkonzeption zeigt sich auch nicht im Umfang, also in vielen vollgeschriebenen Seiten. Die Darstellung soll vielmehr knapp und konzentriert sein, sie soll nur das wirklich Wesentliche behandeln und jede Anmerkung oder Erläuterung, die nicht zum Verständnis notwendig ist, vermeiden.

b) Der jährliche Marketingplan

Aufbauend auf dem Inhalt der Marketingkonzeption entwickelt der Product Manager, gewissermaßen als Feineinstellung, jährlich einen Aktivitätenplan. In diesem Dokument werden alle Aktionen aufgeführt, die im Laufe der kommenden zwölf Monate zur Erreichung der Jahresumsatzziele unternommen werden sowie die Maßnahmen, die den Verkaufserfolg in den kommenden Jahren sichern sollen. Im Folgenden ist das Beispiel eines Marketingplans dargestellt.

Marketingplan für das Geschäftsjahr 200...
(Januar -Dezember)
Produktgruppe P
Erstellt durch Heinrich Meyer, Product Manager
Datum der Erstellung: November 200..

Zielsetzung (1)
Maßnahmen zur Erreichung des Jahresumsatzziels und zur Verbesserung des Gewinns.

Durchführung von Direct Mail-Aktionen

Definition der Zielgruppen:	Januar
Festlegung der Themenschwerpunkte:	Januar
Textausarbeitung:	Februar
Versandtermine:	März, April, Mai

Produktpräsentationen bei den 12 wichtigsten Kunden

Festlegung des Inhalts:	Februar
Definition der Teilnehmer:	März
Terminvereinbarungen:	März
Durchführung:	Mai, Juni, August, September

Reduzierung des Mengenrabatts

Termin für Verabschiedung der neuen Rabattstruktur:	Mai
Information der Verkäufer und Abnehmer:	Juni

Zielsetzung (2)
Maßnahmen zur Stärkung der Stellung gegenüber dem Wettbewerb.

Ausbau des Händlernetzes (zahlenmäßig und regional)

Vorlage der Händlerkonzeption:	Juli
Informationsgespräche mit bestehenden Händlern durch Product Manager und Verkaufsleiter:	August

Kontakte neue Händler:	September bis November
Zwischenbericht:	Dezember

Start kontinuierlicher PR-Maßnahmen

Vorlage des PR-Konzepts:	Juli
Beginn der Maßnahmen:	September

Kundenprogramm für die Fachmesse im Oktober

Vorlage der Gesamtkosten:	Juli
Vorbereitung aller Maßnahmen abgeschlossen:	August

Zielsetzung (3)
Maßnahmen zur Erhöhung der Effizienz des Verkaufsaußendienstes

Durchführung von Verkaufstrainings

Vorlage des Trainingsprogramms durch Product Manager:	Januar
Abstimmung mit Verkaufsleitung und Information der Verkäufer:	Februar
Trainingstermine:	März, Mai und August

Verbesserung der Produktpräsentation im Kundengespräch

Beschaffung und Aufbereitung von Mustern und Demomaterialien:	März
Vervollständigung der Produktshow:	Mai
Information und Ausrüstung des Außendienstes:	Juni

Gezielte Akquisition neuer Abnehmer

Beschaffung von Adressenmaterial potenzieller Kunden:	Februar
Überprüfung und Aktualisierung:	April
Beschaffung von Einzelheiten über Firmen und Zielpersonen:	Mai
Start Tätigkeit des Außendienstes:	Juni

Zielsetzung (4)
Maßnahmen zur Intensivierung der Beziehungen zu den Kunden

Veranstaltung von Kundenseminaren

Definition der in Frage kommenden Kunden:	Februar
Vorlage des Seminarkonzepts:	April
Vereinbarung der Termine mit den Kunden:	Mai
Durchführung der Seminare:	Juni, August, September

Produkttrainings für Kundenmitarbeiter

Zusammenstellung des Programms:	Juli
Definition des Vortragenden:	Juli
Terminvereinbarung mit Kunden:	Juli
Durchführung der Veranstaltungen:	August bis November

Maßnahmen zur Steigerung der Händler-Verkaufsaktivitäten

Auswahl der 10 inaktivsten Händler:	Juli
Definition des Forderungskatalogs und der erwünschten Händlermaßnahmen:	September
Durchführung der Unterredungen mit den Händlern:	September, Oktober, November

Erwerb der Mitgliedschaft im „Verein zur Förderung ..."

Vorgespräche und Abstimmung mit wichtigen Kunden:	März
Antragstellung:	Mai

Zielsetzung (5)
Maßnahmen zur Erreichung der Umsatzziele in den kommenden Jahren

Ausweitung des Händlernetzes in EU-Länder

Definition der Länderpriorität:	März
Kontaktaufnahme mit IHK und Verbänden:	April
Reisen zu Händlern im Ausland:	Mai/Juni
Vorlage Zwischenbericht:	August

Durchführung von Produkttests durch unabhängige Institute

Definition der Produkte:	Februar
Klärung der Testregularien:	April
Zwischenbericht:	September

Verbesserung der Verkaufsunterlagen

Überprüfung des Bestands und des Bedarfs:	Mai
Definition der notwendigen und machbaren Neuerungen:	Juli
Ausarbeitung des Konzepts „Verkaufsunterlagen“:	September
Beginn der Arbeiten:	November

Einflussnahme auf Optimierung der Kundenbelieferung

Teilnahme des Product Managers an Logistikkonferenzen im eigenen Unternehmen:	Januar bis Juni
Abstimmung der beabsichtigten Änderungen mit Kundenfirmen:	August bis November

Engagement als Sponsor

Definition möglicher Unterstützungsfirmen:	März
Gespräche mit diesen Gesellschaften:	Juli
Zwischenbericht:	September

Wie schon bei der Darstellung der Marketingkonzeption vermerkt, kann auch dieses Muster eines jährlichen Marketingplans nur als Beispiel dienen. In vielen Fällen der Praxis wird er sicher noch andere Themen zum Inhalt haben und andere Schwerpunkte setzen. Vielleicht wird der Jahresplan im spezifischen Fall auch sehr viel weniger Punkte enthalten. Das kann sehr vorteilhaft sein, weil die Beschränkung auf das wirklich Wesentliche, das dann in der Tat auch abgearbeitet wird, oft sinnvoller ist als ein Plan mit tausend Projekten, die dann doch nicht realisiert werden. Bei der Reduktion auf nur wenige Projekte darf der Product Manager aber nicht den Fehler begehen, diese nur in groben Zügen zu skizzieren und als generelle Aktionsplanung anzusehen. Denn dann handelte es sich nicht mehr um einen Marketingplan. Mehr oder weniger vage Vorstellungen über bestimmte Maßnahmen zur Geschäftsankurbelung hat schließlich jeder Geschäftsmann, aber damit noch lange keinen konkreten, wohldurchdachten und mit den übergeordneten Zielen in Übereinstimmung befindlichen Marketingplan. Nur dieser hilft dem Product Manager, in einem bestimmten Zeitraum planmäßige und präzise Arbeit zu leisten.

24. Der Aufgabenkatalog des Product Managers

Zum Abschluss dieses Buches und als Zusammenfassung sollen die verschiedenen Aufgaben des Product Managers noch einmal in kurzer Form aufgelistet werden. Sie betreffen die folgenden Gebiete und Tätigkeiten:

1. *Marketingstrategie*
   Der Product Manager überprüft laufend die Effektivität der Marketingstrategie.

2. *Anpassungsmaßnahmen*
   Der Product Manager erarbeitet bei Bedarf Eventualpläne und definiert neue Zielschwerpunkte.

3. *Neue Märkte*
   Der Product Manager analysiert die Produktakzeptanz in anderen Märkten und entwickelt Ideen zur Ausschöpfung dieses Potenzials.

4. *Mitanbieter*
   Der Product Manager beobachtet kontinuierlich die Aktivitäten der Wettbewerber, ihre Zielrichtung, ihre Erfolge und Misserfolge.

5. *Product Mix*
   Der Product Manager erarbeitet und realisiert regelmäßig Maßnahmen zur Verbesserung des Product Mix.

6. *Gewinn*
   Der Product Manager analysiert die Gewinnentwicklung und erarbeitet Vorschläge zur Stabilisierung und Verbesserung.

7. *Marktauftritt*
   Der Product Manager überprüft das Produktangebot, die Verpackung, die Werbung und arbeitet laufend an Verbesserungsmaßnahmen.

8. *Marktforschung*
   Der Product Manager führt regelmäßig Marktforschungsstudien durch über Kunden, kaufentscheidende Faktoren und Absatzkanäle.

9. *Ergebniskontrolle*
   Der Product Manager analysiert Umsatz- und Gewinnbeiträge in den verschiedenen Teilmärkten, bei Kunden und Bestellgrößen.

10. *Marketingeffizienz*
    Der Product Manager überprüft kontinuierlich den Kosten-Nutzen-Effekt der verschiedenen Marketingausgaben.

Literaturverzeichnis und -hinweise

Ackerschott, Harald	Strategische Vertriebssteuerung, Wiesbaden 1997
Bonoma, Thomas V.	Auf der Suche nach dem wirklichen Käufer, Harvard Businessmanager 1/1984
Borchardt, Hans-Jürgen und Harms, Henning	Strategisches Kommunikations-Management, Heidelberg 1998
Feuerbach, Berndt	Professionell präsentieren, Heidelberg 1998
Hamel, Gary	Das revolutionäre Unternehmen, München 2000
Hammer, Michael	Business back to Basics, München 2002
Hermann, Christoph	Die Zukunft der Marke, Frankfurt/M. 1999
Imai, Masaaki	Kaizen, 7. Auflage, Frankfurt 1996
Kairies, Peter	Professionelles Produkt Management für die Investitionsgüterindustrie, Renningen 2001
Kamenz, Uwe	Marketing Basics, Neuwied 2001
Kotler, Philip	Marketing, 2. Auflage, München 1999
Kuhlmann, Eberhard	Industrielles Vertriebsmanagement, München 2001
Levitt, Theodore	Marketingerfolg durch Differenzierung, Harvard Businessmanager 3/1982
Mansaray, Nabbie	Strategisches Vertriebsmanagement, Wiesbaden 2001
Marn, Michael V. und Rosielleo, Robert L.	Balanceakt auf der Preistreppe, Harvard Businessmanager 2/1993
Meffert, Heribert	Marketing, 9. Auflage, Wiesbaden 2000
Olbrich, Rainer	Marketing, Heidelberg 2001
Pepels, Werner	Marktsegmentierung, Heidelberg 2000
Pflaum, Dieter, Eisenmann, Hartmut und Linxweiler, Richard	Verkaufsförderung, Landsberg 2000

Pickert, Mike	Die Konzeption der Werbung, Heidelberg 1994
Raab, Gerhard und Lorbacher, Nicole	Customer Relationship Management, Heidelberg 2001
Richter, Hans Peter	Investitionsgütermarketing, München
Ross, Elliot B.	Geld verdienen mit proaktiver Preispolitik, Harvard Businessmanager 2/1985
Schnappauf, Rudolf A.	Verkaufspraxis, Landsberg 2000
Schneider, Willy und Hennig, Alexander	Kennzahlen Marketing und Vertrieb, Landsberg 2001
Stolz, Rainer	Wie Sie Ihre Wettbewerber hinter sich lassen, Heidelberg 1995
ders.	Strategisches Vertriebsmanagement, Heidelberg 1997
ders.	Kundenkontakte optimal vorbereiten, Regensburg 1998
Thiele, Alfred	Die Kunst zu überzeugen, Heidelberg 2000 2001
Unger, Fritz	Marktforschung, 2. Auflage, Heidelberg 1997
Vry, Wolfgang	Absatzwirtschaft, Ludwigshafen 2002
Winkelmann, Peter	Vertriebskonzeption und Vertriebssteuerung, München 2000
Witt, Jürgen und Thomas	Der kontinuierliche Verbesserungsprozeß, Heidelberg 2001

Sachregister